양극성장애 상담자의
감정의 파도에 관한 이야기

파도는 바다에 빠지지 않는다

―
차
례
―

Prologue · 04

기록의 봄 수선화 · 07

기록의 여름 해바라기 · 81

기록의 가을 바람 · 117

기록의 겨울 소복소복 · 165

Epilogue · 211

Prologue

"감정의 진폭을 안고 살아온 1년의 기록"

    2020년, 양극성장애 진단을 받은 뒤 나는 여러 번 무너지고, 다시 일어나고, 또다시 부서졌다. 무엇이든 해낼 수 있을 것 같은 조증의 상승기에서 눈을 뜨는 것조차 고통스러운 우울의 심연까지 오가며, 아이를 낳고 기르고 상담사로 일하며 하루하루를 살아냈다. 어떤 날은 눈을 뜨고 싶지 않다는 생각만 가득했고, 어떤 날은 이렇게만 살 수 있다면 좋겠다고 느낄 만큼 행복했다. 감정의 진폭 속에서 끝없이 흔들렸지만 뿌리째 뽑히지는 않았다. 나는 그럼에도 일상을 살아냈다.

    특히 2024년, 봄·여름·가을·겨울을 지나며 세 번의 장례식과 두 번의 골절을 겪었다. 그 시간을 통해 무탈한 일상이 얼마나 소중한지, 사람들의 따뜻한 마음이 얼마나 큰 힘이 되는지를 온몸으로 느꼈다.

    이 이야기는 치열한 내적 갈등이 담긴, 어쩌면 우리 모두의 일상에 대한 기록이다. 돌이켜보면 나를 지탱해준 건 결국 '사랑'이었다. 사람들과의 사랑, 자연과의 사랑, 그리고 무엇보다 나 자신과의 사랑.

나는 나를 몰아붙이며 살아왔고, 그 방식은 결국 나를 번아웃과 양극성 장애로 이끌었다. 요즘에서야 깨닫는다. 그동안 내가 나에게 얼마나 가혹했는지를.

이제는 기록을 통해 나를 있는 그대로 받아들이고 다독이며 살아가는 법을 배우고 있다. 안개가 자욱한 날에는 속도를 줄이는 것이 순리이듯, 나는 아주 천천히 천천히 일상을 살아내고 있다. 이 기록이 감정의 진폭 속에서 허우적거리는 이들에게 숨 쉴 틈과 따뜻한 위로가 되어줄 수 있기를 바란다.

여기 있어요. 삶이 고달파도 하루하루를 살아내는 사람. 우리 같이 걸어가요.

당신의 일상 곳곳에 다정함이 깃들기를.

ps. 최예지 작가님이 진행하는 〈기록의 사계절〉에서 쓴 글들을 모은 것입니다. 각 계절에 함께 쓰인 단어는 글쓰기 모임 이름이었습니다.
댓글은 같은 모임 멤버들이 저의 글에 달아준 내용입니다.

기록의 봄

———

수선화

기록의 봄 수선화

2024.02.26. 내가 좋아하는 작가님이 진행하는 '기록의 사계절' 모임의 취소된 자리에 들어올 수 있어서 정말 기뻤다. 그런데 요즘 불면증 기간이라 몸 상태가 좋지 않아 누워서 오티를 들었다. 작가님이 떨린다고 할 때마다 너무너무 멋지게 하고 있다고 말해드리고 싶었다. 준비한 자료와 작가님의 말에서 '기록의 봄'에 얼마나 진심인지를 알 수 있었고 많은 것을 나누고 싶어하는 열정이 느껴졌다. 그런 여정에 동반자로 함께 할 수 있음이 기뻤다.

'글쓰기'라고 하면 부담이 많이 되는데 '두서없이 쓰기', '날 것의 쓰기'라고 하니 매일 도전해볼 수 있겠다는 마음이 들었다. 싫어하는 것을 너무 많이 오랫동안 참고 했더니 나라는 사람이 흐려지고 번 아웃이 왔다. 나에게 질문하고 글을 쓰며 나와 만나는 시간을 보내고 싶다. 예지작가님의 번쩍이는 인사이트, 따뜻한 격려와 수선화 멤버들의 에너지가 함께 하면 할 수 있을 것 같다! 비장해지지 말고, 시작해보자.

마음산책 인스타에서 본 이 글귀가 마음에 와닿았다.

 maumsanchaek

당신이 좋아하는 것을
가질 수 있도록 노력하라.
그러지 않으면 자신이 가진 것을
마지못해 좋아해야 할 것이다.
─조지 버나드 쇼, 『버나드 쇼의 문장들』

댓글

비장해지지 말자는 말! 너무 좋네요!

저는 시작할 때 완벽하게 세팅을 해놓고 하는 편이었어요. 쓸데없이 엄청 비장했죠! 준비하는 데 시간을 쓰며 시작이 뒤로 밀리는 경우도 많았거든요. 마무리는 약하고…. 생각해 보면 그렇게 세팅하는데 의지, 에너지를 다 썼기 때문에 마무리가 약했다는 걸 이제는 알아요. 에너지 총량의 법칙. 우리 여기서는 비장해지지 말고, 편해져요.

<u>2024.02.27.</u> 화장대에 붙여두고 싶은 단어를 생각해봤을 때 순리, 이별, 사랑, 이완 등의 단어가 생각났다. 순리는 작년에 품고 살았던 단어이다. 이별은 어제부터 듣고 있는 노래에 나오는 단어이다. 지금은 환경이 많이 바뀌었음에도 비교하고 자책하고 있기 때문에 20대의 열정적이고 원하는 것은 다 할 수 있었던 나와 이별하지 못하는 것 같다. 이별에 대해 생각하다가 내가 지금의 달라진 상황을 받아들이지 못하고 있다는 생각에 이르렀다. 잘하고 싶은 마음이 너무 큰 나머지 잘 못 하는 나를 전혀 수용하지 못한다. 수용의 뜻을 찾아보니 '어떠한 것을 받아들임'이다. 나에게 오는 모든 것들을 온전히 받아들일 수만 있다면 밀려오는 파도에 힘을 빼고 있는 것처럼 그 파도를 즐길 수 있겠지. 올해는 수용을 마음에 품고 살아가야겠다. 그 어떤 모습의 나라도 온전히 수용하고 살아가고 싶다.

수용[6] 受容
1. 명사 어떠한 것을 받아들임.
2. 명사 감상(鑑賞)의 기초를 이루는 작용으로, 예술 작품 따위를 감성으로 받아들여 즐김.

유의어 섭취 용납 용인[3]

출처 네이버 한글 사전

댓글

우리 주원 님! 수용, 하면 왠지 다 받아들여야만 할 것 같고 그렇지 않은 내 마음을 마주할 때면 또 마음이 불편해지더라구요! 제가 좋아하는 선생님께서 수용을 '기꺼이 경험하겠다는 의지'로 표현해 주신 걸 좋아하는데요, 그럼 되려 무엇이든 '기쁘게 겪어가겠다'라는 마음가짐으로 아, 그저 겪어 보는 거야! 하고 마음이 한결 편안하더라구요.
주원 님의 겪어가는 모든 것들을 좀 더 편안히 품고 살아가시기를 진심으로 진심으로 바라요!

↳ ○○님! 같이 기록의 봄을 하게 되어 정말 반가웠어요.).〈
 '기꺼이 경험하겠다는 의지' 정말 좋은데요! 제게 오는 것들을 기꺼이 경험할 의지를 가지고 편안히 품고 살아갈게요. 함께 가요.

2024.02.29.

Q. 기록의 봄을 제외하고 일상에서 3, 4, 5월 전반적인 나의 일정들과 계획
(나의 한계, 지금 내가 처해있는 상황, 내가 가진 자원을 파악하기 위해)

- **행복 리추얼과 칭찬일기**
- 55일째 하고 있는 나만의 리추얼을 계속 이어나갈 계획이다. 아무리 우울하고 무기력한 날에도 순간의 행복을 찾는 힘이 길러지고 있는 것 같다. 좋았던 순간을 잘 붙잡는 힘을 더 길러보자! 리추얼 시간을 도운이가 굿나잇 핑크퐁 보는 시간으로 정해서 물리적 시간을 확보하니 꾸준히 할 수 있었다. 이제 '기록의 봄'도 함께 그 시간에 해야지.

- **건강 챙기기(운동, 식습관)**
- 체력이 없으니 계속 악순환이다. 기운이 없을 때 자동으로 돌아가는 자기 비난을 멈출 수가 없다. 힘이 있어야 자동사고를 끊고 새로운 시도를 해볼 수 있음을 기억하자. 오늘 수영 체험 수업에 간다. 체험해보고 좋으면 등록해서 꾸준히 운동해서 체력을 길러야지!
- 따로 시간을 내지 않아도 할 수 있는 운동도 하자. 점심 먹고 산책하기, 계단 오르기, 일하는 중간에 30분에 한 번씩 스트레칭하기
- 매일 챙겨 먹는 영양제 잊지 않기(비타민, 루테인, 오메가3, 유산균, 식이섬유)
- 살이 많이 쪄서 옷이 맞지 않고 거울을 보기 싫다. 큰 몸이라도 괜찮다고 생각하는 면도 있지만 내가 좋아하는 옷들을 다시 입고 싶다. 탄수화물을 줄이고 단백질 보강해서 먹고 아침을 굶는 간헐적 단식을 이어나가 보자. 3개월 동안 6Kg 감량 목표!

- 배달음식을 줄이고 간단한 것이라도 직접 만들어 먹어보자

- **상담자로서의 발전**
- 6월에 있을 1급 필기시험 공부를 시작할 때가 왔다. 합격이 아니라 응시를 목적으로 하자. 부담 갖고 비장해져서 시작할 엄두도 나지 않았는데 가벼운 마음으로 할 수 있는 만큼만 해보자. 하루 한 장이라도 공부하기! 안 하는 것보다 한 장이라도 하는 게 훨씬 낫다는 것을 늘 상기하자. 집에서 공부한다는 것은 무리에 가깝다. 일하는 시간을 잘 분배해서 조금씩 시작해보자. 그리고 주말에 조금씩 하자.
- 내 공부 책상을 사는 것도 필요하다. 인스타에 나오는 것 같은 예쁜 방을 만들려다 1년 반 동안 못하고 있다. 그냥 심플한 책상을 사서 공부하자!
- 그룹 수비 받을 때 사전에 자료를 2번씩 읽어보자. 그냥 읽지 말고 내담자를 그려보며 읽고 궁금증을 가져보자.

- **도윤이와 남편과 즐겁게 생활하기**
- 4월에 있을 대만여행 기대된다. 체력이 바닥나서 남편과 싸우지 않도록 무리한 일정을 잡지 말자.
- 날이 따뜻해지면 도윤이와 남편과 저녁에 자주 산책하고 주말에도 야외에서 다양한 것들을 해보자.

2024.02.29. 어제 큰 행사를 무사히 끝내고 회식까지 하고 12시에 집에 도착했다. 새벽에 깨어 일찍 출근해서 급한 일을 처리했다. 긴장이 풀려서일까? 점심을 먹은 뒤부터는 기력이 뚝 떨어진 것이 확 느껴졌다. 내 상태가 1시 상담에도 영향을 미친 것 같다. 기분이 좋지 않다. 내가 또 오버해서 체력이 바닥나게 되었다고 비난하기 시작했다. 컴퓨터 모니터에 '수용', '이완' 단어를 보며 이 상황을 수용해야지 되된다. 힘이 없을 수밖에 없는 상황이다. 이를 수용하고 받아들이자. 억지로 힘을 끌어올리지 않아도 된다. 잔뜩 혼나서 긴장된 어깨를 풀고 이완하자. 괜찮다. 다시 기운이 나면 비난의 목소리도 줄어들 거야.

2024.03.01. - 2월 29일 목요일 질문

Q. 이제 내일부터 3개월의 기록 여행을 떠나려고 합니다. 눈을 감고 깊게 호흡하며 상상해보세요. 어떤 감정과 느낌이 드시나요?

기대, 설렘, 희망, 걱정, 두려움, 부담, 가벼움, 변화, 지속, 여행…. 다양한 감정과 상반된 단어들이 떠오른다. 가벼운 날것의 쓰기이고 나를 알아가고 휘발되는 것을 기록해둔다고 생각하지만 계속 잘 쓰고 싶다는 생각에 부담과 두려움이 느껴진다. 며칠 동안 수선화 멤버들이 쓴 글을 읽으며 부러웠기 때문이다. 그래도 이제는 안다. 잘 쓰고자 하며 부담을 갖는다면 매일 할 수 없음을. 나의 봄을 기록해두었다 나중에 꺼내 봐야지! 2024년 38살의 나의 봄을 기록할 생각을 하니 지금은 무척 설레는 마음이다.

2024.03.01. 3월의 첫날. 내가 가장 좋아하는 계절인 봄의 시작. 어제 처음 간 수영 수업 영향인지 종아리 쪽에 뻐근함이 있다. 운동 후의 기분 좋은 뻐근함이다.

어제는 수면제 없이 잠은 들었으나 3시에 깨고 다시 5시에 깨고 6시에 깨서 그때부터 명상을 했다. 명상 후 옆에서 자고 있는 도윤이를 보니 자는 모습이 얼마나 사랑스러운지…. 조심스레 뽀뽀하고 세라잼을 했다. 하는 도중에 도윤이가 일어나서 나의 옆으로 엉금엉금 왔다. 자고 일어나면 꼭 내 몸에 기대어 뒹굴뒹굴하려는 도윤이. 내가 침대로 가서 둘이 함께 뒹굴었다. 주말 아침에 도윤이와 침대에서 뒹굴거리는 시간이 참 여유롭고 행복하다. 오늘도 까치집을 지은 도윤이의 머리가 웃기다.

오전에 장난감 사러 마트도 가고 키즈카페도 가기로 했는데 도윤이가 계속 안가겠다고 했다. 집돌이 남편에 이어 집돌이 아들까지. 잘 놀다가 영상을 보고 싶다고 했다. 정해진 시간에 보는 것이라 아직 안된다고 했다.

"한 번만요. 10분 핑크퐁이요! 제발요. 제 말 좀 들어주세요."

간절한 도윤이의 요청. 귀여워서 넘어갈 뻔 했네!

잘 꼬셔서 지금은 키즈카페에 와있다. 남편과 교대로 도윤이랑 놀아서 지금은 자유 시간.

3월의 첫 기록을 남길 수 있어서 기쁘다.

도윤이의 말을 자주 남겨둬야지. 요즘 예쁜 말, 웃긴 말, 기가 차는 말 등의 어록을 자주 남기는 도윤이다.

댓글

도윤이 너무 귀엽네요. 저도 아침 명상 후 제일 평안한 마음일 때 아이 얼굴 한 번 들여다보기. 기록의 봄 시간 동안 꼭 한번은 해봐야겠어요.

2024.03.02. 초저녁에 잠이 쏟아지고 수면제 없이 잠들지만 새벽에 자꾸 깨는 것을 봐서는 아직 우울증 기간은 아니다. 하지만 곧 오겠지. 필사적으로 막으려기보다 자연스러운 흐름에 나를 맡기는 것이 좋겠다는 생각을 한다. 경조증의 시기를 붙잡으려고 하는 마음과 우울증 시기를 너무 싫어하는 마음이 기복을 반복하게 만든다. 머리로는 알지만 마음이 내 의지대로 되지 않는다. 그냥 순간순간을 즐길 수밖에 없겠다.

수퍼비전 보고서를 주말까지 제출해야 하는데 녹음 파일을 잘못 가지고 와서 아침에 사무실에 다녀왔다. 칠칠이…. 시간이 좀 아까웠지만 아침 해가 떠오르는 모습과 내가 좋아하는 하늘색을 마음껏 보면서 드라이브해서 좋았다. 요즘 계속 듣고 있는 '사랑이라 믿었던 것들은' 'When I Get Old' '밤양갱' 노래까지!

어제 산 미니카들로 아빠와 엄청 재밌게 노는 도윤이가 귀여워서 녹음하고 싶었다. 방해꾼 자동차들이 사고를 치고 특수 경찰들이 출동해서 사건을 해결하는 순이다. 귀여워 ㅋㅋ

아빠랑 교대해서 내가 들어갔는데 뭔가 마음에 안 들었나 보다.

"엄마랑 안 놀래요. 엄마 가. 아빠랑 놀래요."

"왜~ 엄마랑 재밌게 놀자~"

"안 해요. 엄마는 똥냄새 나잖아요~"

충격! ㅋㅋㅋ 왜죠. 왜 똥냄새가 나나요. 그리고는 퇴장. 퇴장하고 쉴 수 있는 건 좋은데 똥냄새 의문이 풀리지 않는다.

오랜만에 머리를 하러 미용실에 가는 길에 본 산수유 나무들이 노란 꽃망울을 달고 있는 모습을 보았다. 이제 정말 봄이구나! 노란 꽃망울이 참 귀여웠다. 날은 춥지만 맑은 공기와 하늘이 좋아서 숨을 깊게 들이쉬었다. 움츠렸던 마음까지 펴지는 기분이었다. 미용실에서 머리를 만지는 시간은 내가 참 좋아하는 시간이다. 샴푸하는 것도 기분이 좋고 머리를 만져주는 손길이 좋아서 늘 꾸벅꾸벅 졸며 단잠을 잔다. 완성된 머리도 마음에 들고 말이다. 오늘 어떤 모습으로 완성될지 기대된다!

2024.03.04. 어제 글을 쓰다가 잠깐 도윤이를 보다 돌아오니 다 날아갔고…. 그 뒤로 잠들어서 어제의 기록을 남기지 못했다. 아쉽…. 하지만 어제도 문장을 적기는 했었으니 괜찮은 거라는 생각도 드네!

 수시로 잠이 쏟아지고 수면제 없이도 잠이 드는 것을 보니 기운이 내려가고 있나 보다. 여전히 새벽에 자주 깨서 일어나는 게 힘들지는 않지만, 곧 아침에 눈 뜨는 것이 너무 힘든 때가 올 수도 있겠지. 내가 이 기복을 사랑할 날도 올까? (3월 3일의 기록)

 수퍼비전 보고서를 미루고 미루다가 결국 마감기한을 넘긴 오늘 오전에 완성했다. 이렇게 정신없이 하고 나면 꼭 미리 할 걸 후회하지만 잘 고쳐지지 않는다. 왜 자꾸 미루게 될까? 보고서를 잘 쓰고 싶다는 생각은 별로 없는데…. 축어록이나 상담 회기 요약을 할 때 내가 잘못한 부분이 보일까 봐 두려운 마음에 보고서 쓰는 것이 어려운 것 같다. 내가 부족한 부분을 발견하고 자문을 얻고 공부하기 위해서 수퍼비전을 받는 것인데, 부족한 부분을 보이기가 두렵다는 것이 참 모순적이다. 왜 늘 잘하고만 싶을까?

2024.03.05. 계속 잠만 자고 싶고 일도 손에 잡히지 않는다. 쭉쭉 내려가고 있는 것 같다. '올라갔었으니 내려오는 게 당연하지. 어쩔 수 없지.' 생각해도 내려가는 건 정말 싫다. 아무것도 못 하고 있다가 그래도 오늘의 단상을 기록하고 싶어서 글을 쓴다. 이런 날도 있지만 다 지나갈 거야. 최소한의 것만이라도 하면서 하루하루를 살아가 보자.

2024.03.06. 잠이 무척 많이 오고 일어나기가 싫다. 오늘 출근을 못 할뻔했다. 겨우 몸을 일으켜서 오후 출근을 했다. 그래도 출근해서 회의도 하고 급한 일도 처리했다. 그랬으면 많이 한 거지. 잘했다고 생각하자. 수선화 단톡방의 글들이 참 따뜻하다. 멀리서 바라보면 전체는 온전하다는 말이 기억에 남는다. 지금 무너져 내린 것 같고 바닥에 붙어있는 것 같지만 날아다닌 날이 있었으니 전체로 보면 온전할 것이다. 나에게 다정하기를. 이런 지금의 상태도 수용하기를.

댓글
응원드려요. "지금 무너져 내린 것 같고 바닥에 붙어 있는 것 같지만 날아다닌 날이 있었으니 전체로 보면 온전할 것"이라는 문구가 마음에 와 닿네요. 수용의 순간이 지나면 또다시 온전해지는 시간이 올 거예요~

2024.03.07. 오늘의 해도 밝았다. 오늘도 아침에 일어나기가 정말 어려웠다. 그래서 1시간 휴가 쓰고 10시에 출근했다. 더 미루지 않고 침대에서 나온 것을 칭찬한다. 그리고 1시간 휴가를 쓸 수 있는 환경임에도 감사하다. 1시간 더 쉬는 동안 도윤이는 영상을 계속 봤지만 그것도 그냥 흐린 눈으로 넘어가련다. 오늘은 서울에서 수퍼비전 모임이 있어서 곧 서울로 출발한다. 환기가 되는 시간이었으면 좋겠다. 내 마음에 새로운 바람이 불기를….

댓글
서울 조금 싸늘해요- 따뜻하게 챙겨입고 다녀가시기를!

2024. 03. 08. 어제 서울에 다녀온 것이 환기가 되어서 오늘은 몸에 활기가 돈다. 환기와 활기의 뜻을 찾아서 글을 써봐야지. 잊어버리기 전에 메모해두고 일단은 퇴근. 도윤이 치과에 가는 날이라 일찍 나가야 한다. 도윤아 기다려~~

댓글
이야! 주원 님 거의 매일 기록하고 계시네요. 엄청납니다!!! 그게 무엇이든지 우리 계속 기록해보도록 해요! 단어수집에서는 하지 못했던 것 ㅎㅎㅎ 저도 단어수집에서는 주 3회 정도 쓰곤 했거든요. 기대됩니다. 어디로 흘러가게 될지!!!

<u>**2024.03.10.**</u> "숨이 잘 쉬어지면, 그때 문제를 마주하며 살아가면 돼. 문제가 없는 인생은 없어. 인생에 문제가 생기면 극복해 나갈 뿐이야. 도망가고 해결하고 그런 게 극복이 아니고, 그 문제를 끝까지 피하지 않고 겪어내는 거, 그게 극복이야."

- 〈메리골드 마음 세탁소〉

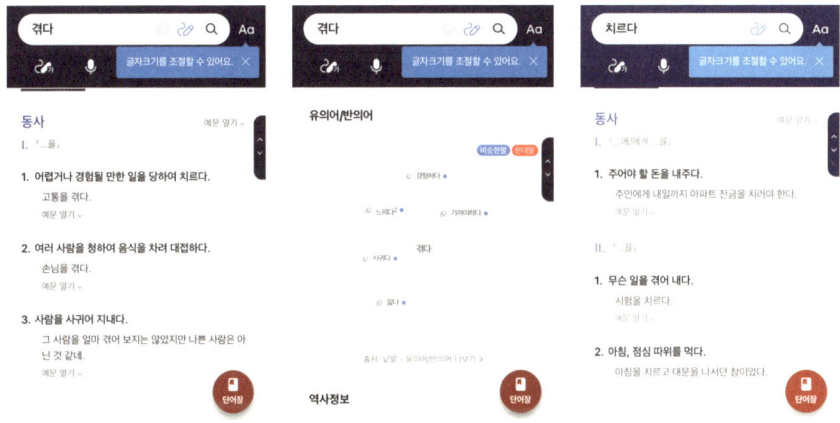

출처 네이버 국어 사전

겪어내는 것이 무엇일까 궁금하여 '겪다'를 사전에서 찾아봤다. 어렵거나 경험될 만한 일을 당하여 치르다. '치르다'를 다시 찾아보니 '무슨 일을 겪어 내다'. 그러다 '겪다'의 유의어가 마음에 와닿았다. '경험하다', '느끼다'. 피하거나 해결하는 것과 다르게 그냥 온전히 나에게 오는 일을 경험하고 느끼는 것. 이것이 겪어내는 것이구나. 나는 해결을 못 하고 있다고 자책하고 또 도망간다고 자책했는데, 그냥 온전히 경험하는 것만으로도 충분하다는 생각이 든다. 그리고 그 경험을 요즘 기록하고 있으니 휘발되지 않고 과정이 남게 되겠지?

어제는 하루 종일 잠에 취해 있었다. 오늘은 조금 덜해서 사부작 움직이긴 했지만 밖에는 나가지 않았다. 오늘 날씨가 참 좋던데…. 후회는 하지 말자. 내일은 점심 먹고 잠시라도 걷자! 오늘도 겪어내느라 고생했다. 온전히 경험하며 느끼고 지나가자.

댓글

겪다, 경험하다, 느끼다. 주원 님 글을 보니 저도 오늘 겪어갈 하루의 경험들을 내가 나와 함께 온전히 머물러주고 싶다는 생각이 들어요. 내가 이렇게 느끼고 있구나, 불편하고 있구나, 편안해하고 있구나, 쉬고 싶구나, 뾰족해져 있구나, 그렇구나, 하구요. 우리 오늘도 내가 나와 잘 겪어가 보아요!

2024.03.11.

적당한 기분인 하루였다. 너무 날아가지도 가라앉지도 않은 적당한 날. 일도 여유로워서 중간중간 책을 읽으며 여유 있는 시간을 보냈다. 일이 바쁠 때처럼 몰아치지 않으니 일이 잘 안 되는 기분이었다. 아드레날린 빡! 엔도르핀 빡! 초집중!! 이런 느낌이 아니어서 일이 손에 잡히지 않았다. 내가 너무 그 기분에서만 일을 하려고 하고 그래야 일한 느낌이 난다고 생각하는 것 같다.

그래서 타이머를 맞춰두고 일단 일을 시작했다. 손에 잘 잡히는 느낌이

든 아니든 정해진 시간 동안 일을 하니까 더디지만 진도가 나갔다. 오늘 해야 할 일들을 마치고 퇴근할 수 있었다. 내일도 타이머를 맞추고 할 일들을 해보자! 여유 있는 와중에도 할 일을 마치고 퇴근할 수 있어서 행복했다.

그리고 퇴근길에 발견한 무지개로 인해서 많이 많이 행복했다. 도윤이와 함께 본 첫 무지개! 비가 오고 있는데 무지개가 뜬 광

경은 처음이어서 신비로웠다.

　오늘 수영 첫 수업일이었다. 적당히 따뜻한 물 속에서 희미한 락스 냄새를 맡으며 물살을 가르며 몸을 움직이는 느낌이 좋았다. 재밌었다. 오늘 하루도 잘 살았다!

2024.03.12. 기분이 너무 좋지도 가라앉지도 않은 보통의 하루였다. 학생들에게 검사를 실시하는 날이다. 오류가 날 경우를 대비해야 해서 뭔가에 집중하기 어려웠다. 대기조 마음으로 소설을 읽으며 기다렸다. 다행히 아무 이상 없이 무사히 검사실시가 끝났다. 이번 학기 중요한 일이 또 하나 지나갔다. 검사지 가져다주려고 나갔다가 수줍게 피어난 산수유와 아직 한참 웅크리고 있는 매화를 보고 왔다. 제비꽃과 민들레도 만났다. 봄이 오고 있구나. 내가 가장 좋아하는 계절. 봄을 만끽하게 해주는 꽃들을 보며 행복했다.

　의사 선생님과 상담하면서 기분에 상관없이 해야 할 일들을 하는 일상을 살아가는 것이 중요함을 이야기 나눴다. 기분과 감정은 다른 거라고. 다음에 더 확실히 설명해 주신다고 했다. 그리고 상태에 대한 수용이 중요하다는 이야기도 나눴다. 요즘 내가 품고 있는 단어인 수용이 선생님 입에서 나와서 놀랐다. 오늘 하루도 일상을 잘 살아냈다. 나의 상태를 수용하고 현실에 발 디딘 채로 말이다. 이것이 행복인 것 같다.

<u>2024.03.13.</u> 오전에는 잠이 많이 왔지만 기분이 적당한 하루였다. 아침에 도윤이도 일어나지 않고 나도 더 자고 싶어서 2시간 휴가를 쓰고 여유롭게 출근했다. 햇빛이 화창한 시간에 좋아하는 라디오를 들으며 가는 길이 좋았다. 점심은 맛있는 석갈비를 먹어서 행복했다. 지금은 저녁 먹고 맥주 한잔을 했더니 나른하다. 이 나른함이 기분 좋다.

'기분 좋다, 좋았다'는 말은 쉽게 나오는데 '행복했다'는 말은 쉽게 나오지 않는다는 것을 깨달았다. 더 자주 써야지!

댓글
일상의 행복이네요. 거창하지 않지만 확실한 행복. 저도 덕분에 오늘 행복했던 순간을 떠올려봅니다.

2024.03.15. 화이트데이였던 어제, 출근하려고 차 문을 여니 운전석에 작은 초콜릿이 깜찍하게 놓여있었다. 다정한 남편. 고마워서 전화하니 "그런 건 챙기고 살아야지. 누구처럼 까먹지 말고." 발렌타인데이에 아무것도 못 해줘서 다음날 초콜릿을 건넨 나를 향한 그의 장난 ㅋㅋ 다정하고 장난기 많은 남편 덕분에 웃을 일이 많다.

지난 학기에 종결했던 내담자에게서 전화가 왔다. 한 톤 올라간 목소리가 낯설어서 바로 얼굴이 떠오르지 않았는데 이야기하다 보니 생각이 났다. 취업에 성공했는데 내 생각이 가장 많이 나서 전화했단다. 자신의 힘든 시기를 상담 덕분에 지나올 수 있었다며 고맙다고 했다. 전화해서 소식을 알려준 것도 고마운데 이런 말을 들으니 정말 기뻤다. 누군가의 힘든 시간을 함께 보내며 힘이 되었단 사실에 보람을 느꼈다. 그래. 내가 이 맛에 상담하지! 실제 그 학생을 상담할 때, 도움이 안 되고 있다는 생각도 하고 함께 헤매기도 했었는데…. 그 모든 과정이 필요한 것이었나 보다. 내 생각대로 매끄럽게만 진행되지 않아도 의미 있는 시간들이 분명 있는 것 같다. 기준이 높은 나는 매 순간 지적할 것이 아주 많고 자동적으로 떠오른다. 그렇게 30년 넘게 살아왔더니 나를 아주 싫어하게 됐다. 더 이상 살 수 없을 지경이 되고 나니 무언가 잘못되었다는 생각이 들었다. 그 뒤로 시작된 나를 알아가고, 있는 그대로의 나를 수용해나가는 여정이 지금까지 이어지고 있다. 나의 부족함까지 있는 그대로의 나를 수용하는 것의 출발점에 서 있는 것 같다. 예지작가님이 단단한 이유는 많이 흔들렸기 때문이라는 말이 많은 위로가 됐다. 그리고 자책보다 스스로를 격려하고 애썼다고 알아주는 말이 더 자주 나온다는 말에 나도 그렇게 되고 싶었다. 보람 가득했던 하루! 다음에 상담사란 직업에 회의가 들 때, 다시 찾아서 이 글을 읽어봐야지!

<u>2024.03.16.</u> 도윤이가 키즈카페에서 미끄럼틀을 나와 같이 타다가 왼발이 내 허벅지에 끼이면서 정강이 골절이 됐다. ㅜㅜ

처음에는 많이 울지 않아서 심각하게 생각하지 않고 혹시 인대가 늘어났을 수도 있으니 가보자 해서 정형외과에 갔는데 X-ray를 찍어보니 선명하게 보이는 금! 트위스트 되면서 금이 두 개가 갔고 뼈가 벌어져서 골절이라고…. ㅜ 철심을 박는 수술을 해야 할 것 같으니 충북대병원 응급실로 어서 가보라는 의사의 말에 눈앞이 깜깜해졌다. 깁스를 하면서 아픈 곳을 건드리니 자지러지는 도윤이를 보며 너무 가슴이 아팠다.

응급실로 향하면서 별 생각이 다 들었다. 내가 더 조심했더라면, 오늘 키즈카페를 안갔더라면…. 앞으로 크는 데 문제가 생기면 어쩌지 등등. 너무 미안하고 눈물날 것 같았지만 내가 울면 도윤이가 더 불안해할 것 같아서 참고 골절 수술에 대한 것을 찾아봤다. 다행히 충북대병원에 소아 정형외과 교수님이 있었다. 응급실에서도 의료 파업 때문에 진료를 못 받을 뻔하다가 다행히 들어갈 수 있었다. 낯선 병원 환경에 도윤이가 어리둥절해 했다. 탈 것을 좋아하는 도윤이기에 휠체어를 타고 가는 것으로 흥미를 끌어보고 이동할 때 침대에 누워서 가는 것을 재밌게 느끼게 해주니 긴장이 많이 풀어지는 것이 보였다. 전에 어떤 글에서 소아암에 걸린 아이에게 엄마가 병원에서 함께 즐거운 일을 많이 해서 병원 생활이 힘들지 않았다는 것을 본 것이 생각났다. 도윤이가 무섭지 않게 이 상황들을 겪어나갔으면 하는 마음이 들었고 다행히 도윤이도 편안해했다. 나의 마음가짐이 중요함을 다시 한번 느꼈다.

더 상세한 X-ray 사진을 찍어보니 수술 없이 깁스로 보존치료 하면 될 것 같다는 이야기를 듣고 한시름 놓았다. 의사선생님도 아주 친절한 분이

셔서 다시 깁스를 할 때는 도윤이가 자지러지게 울지 않았다.

  화요일에 외래진료를 가기 전까지 붓지 않도록 주의해야 하고 한 달간 땅에 발을 디디면 안 된다. 어린이집도 갈 수 없겠지…. 4월에 예약해둔 대만 여행도 오늘 취소했다. 힘든 한 달이 될 것 같다.

  오늘 사고를 겪으니 아무 일이 없어 무료하다는 생각까지 들었던 평범한 날들이 얼마나 감사한 날들이었는지 다시 한번 체감했다.

  힘든 한 달이 되겠지만 이 과정도 온전히 겪어내야지. 너무 먼 미래를 걱정하지 말고 과거를 후회하지도 말고 도윤이와 함께 재미나게 할 수 있는 것들을 찾아봐야겠다.

댓글
마지막 문장이 참으로 좋네요! 먼 미래를 걱정하지 말고! 잘 지나갈 수 있을 거예요!

2024.03.17. 어젯밤에 도윤이가 통증이 있는지 잘 자지 못하고 계속 아프다며 깼다. 같이 잠을 설쳐서 피곤했는데 오전에 도윤이가 잠들어서 함께 잠을 자는 시간이 참 여유롭고 행복했다. 따뜻하고 작은 손을 잡고 새근새근 숨소리를 듣는 행복. 행복을 손으로 잡고 있는 기분이었다. 가끔은 혼자 편하게 자고 싶지만 이렇게 내 옆에서 자고 싶어 하는 것도 얼마 지나지 않아 끝날테니, 그러면 이 시간이 아쉬워지겠지. 지금 누릴 수 있는 행복을 만끽해야겠다.

매일 기록하는 일이 생각보다 어렵고 또 생각보다 쉽기도 하다. 매일 행복 리추얼을 하던 것이 습관이 된 것도 한몫하는 것 같다. 그래도 내가 쓴 글은 사실 위주의 나열이 많은 것 같다. 멤버들의 멋진 생각과 인사이트

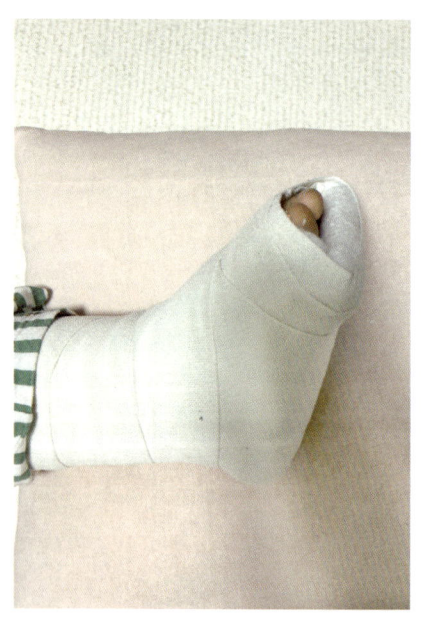

가득한 글들을 보면 부럽다. 나도 그렇게 쓰고 싶은데 어렵다. 시간을 좀 더 투자해야 하는 것일까. 비교하지 말고 잘 쓰려 하지 말고 일단 쓰자! 라는 마음으로 하고는 있지만 비교되고 부럽다. 이번 주에 퇴고도 꼭 해보려 했는데 못 했네. 주중에라도 해봐야지.

이 글도 생각을 쓴 것이긴 하네. ㅎㅎ 좀 더 멋진 글을 쓰고 싶다는 마음이 계속 올라온다.

2024.03.18. 오전은 엄마가 봐주시고 나는 일찍 퇴근해서 오후에 아이를 돌봤다. 함께 느긋하게 낮잠을 자고 일어난 뒤 저녁을 먹고 다시 침대에 누워서 뒹굴뒹굴하며 장난을 쳤다. 말 빨리하기, 노래 가사 이상한 걸로 바꿔서 부르기(뚜뚜따띠 같은…), 간지럼 태우기, 악당 흉내 내기 등을 하면서 깔깔거리며 웃으니 남편이 뭐가 그리 재밌냐며 방으로 찾아왔다. 영상 안 보고 장난감 가지고 놀지를 못하니 이렇게 꽁냥 거리며 노는 시간이 생기는구나. 아이와 눈 마주치며 노는 시간이 행복했다.

분명 안 좋은 일이 생기기는 했지만 일상은 계속되고 그 안에서 행복을 찾는 것은 내 몫인 것 같다. 어디에 더 집중할지 내가 선택하는 것이니까. 후회와 걱정보다는 현재에 집중하고 흘러가는 순간의 행복을 잘 포착해야지.

댓글

저는 총 쏘면 으악- 하는 놀이하러 조카를 만나러 가는 길이에요. ㅎㅎㅎ 조카랑 깔깔거리며 꽁냥꽁냥 하다 보면 아무 생각 없이 그 놀이에 푸욱 빠져서 개운한 기분에 살아있는 느낌이 들어요.
"인생에 단 하나만 하는 때는 없다"라는 말을 최근에 들었어요.
아마 우리에게 불어오는 바람도 순풍도 악풍도 공존하나 봐요. 그러니 순간의 행복을 예리하게 포착하며 그 순간을 온전히 만끽해요! 그럼 또 악풍은 언제 갔지 싶게 흘러가고 순풍이 내 곁을 맴돌고 있을 테죠! 따스한 기운이 주원 님 곁을 마구마구 맴돌기를!!

<u>**2024.03.19.**</u> 오전에 어려운 일 두 가지를 잘 마치고 도윤이 병원도 잘 다녀왔다. 도윤이가 굿나잇 핑크퐁을 보는 시간에 남편과 둘이 대화를 나눴는데 기분이 좀 안 좋아졌다. 내 걱정과 불안에 공감해주기보다는 '어쩔 수 없지. 그런다고 달라질 건 없어'라는 말만 해서 기분이 좀 안 좋다고 말하니 웃는 남편.

T와 극F의 대화 ㅎㅎ 연애할 때는 남편이 공감을 잘해준다고 생각했었는데 엄청난 노력의 결과였다는 것을 결혼하고 나서야 알았다. 그때는 좀 속은 느낌! (그동안 노력해준 것은 고맙지만….) 그래도 기분이 안 좋아졌을 때 안 좋아졌다고 말할 수 있고 다음부터는 '자기는 그럴 수 있었겠다' 이 정도의 공감 먼저하고 하고 싶은 말 해달라고 요청도 할 수 있고 그러겠다는 남편의 노력도 있으니…. 괜찮다! 맞춰가며 살아가는 거지.

마음을 많이 쓰는 내가 안쓰럽다는 남편. 마음을 많이 쓰고 배려하니까 주변 사람들은 좋고 편하지만 내가 힘들어지는 게 안쓰럽단다. 나도 오버하지 않고 나를 지키면서 주변에 마음을 쓰는 연습을 요즘 하고 있다. 번아웃은 마음을 많이 사용해서 온다는 글을 본 적이 있는데 와닿았다.

4월에 진행할 프로그램에 분반은 8개인데 10명의 강사분이 지원하셨다. 모집 글을 올리면서 분반이 적어져서 희망해도 경력순으로 배정할 거라는 것을 공지하긴 했다. 하지만 강사 구하기가 힘들 때 멀리 사는 분들에게 도와달라고 전화하고 했던 적도 많아서 그 열 분 중 두 분에게 이번에는 같이 할 수 없다고 말하는 것이 오늘 나는 참 힘들었다. 두 분에게 연락했을 때, 내 걱정과 달리 미안해하는 나를 오히려 달래주시며 마음 쓰지 않아도 된다고 해주셨다. 남편은 미리 공지도 했고 내가 근거 없이 정한 것도 아니니 미안할 일이 아니라고 했다. 그런데 나는 왜 마음이 쓰일까…

좀 더 고민해봐야 할 지점인 것 같다.

2024.03.21. 지난 학기에 상담이 끝난 학생이 취업에 성공했다며 감사하다고 센터로 찾아왔다. 취업 성공하고 내 생각이 가장 많이 났다고 했다. 힘든 시기를 상담하면서 잘 지나갈 수 있었다고 감사하다며 호두과자와 음료와 책을 가지고 왔다. 내담자에게 선물은 받지 않는 편인데 마음이 가득 담겨 있는 선물을 거절하기보다 기쁘게 받는 것이 도리일 것 같았다. 특히 책은 우리가 상담할 때 자주 이야기하던 가수의 에세이라서 더 뜻깊었다. 학생의 마음이 전해져 더 감동적이어서 울 뻔했다. 오래오래 기억하면서 상담이 힘들고 지칠 때 이 기억을 꺼내 봐야겠다.

2024.03.22. 꽃들이 하나둘씩 피어나는 봄. 캠퍼스와 아파트 단지 곳곳에서 자신의 존재를 드러내는 꽃들을 보니 행복하다. 노랗고 앙증맞은 산수유, 고매한 향기를 품고 있는 매화, 작년의 구근에서 올라온 귀여운 무스카리, 쬐매난 별꽃….

바람이 많이 불어도 차갑지 않다. 훈훈한 봄바람 맞으며 점심 먹으러 가는 길이 행복했다. 유니짜장에 노른자가 완전히 익지 않은 부드러운 계란프라이를 함께 먹으면 더더더 맛있다! 오늘의 소소한 행복들….

인스타를 잘 안 보고 있다가 오랜만에 들어갔다가 릴스에 빠져 어제 오늘 두세 시간씩 보고 있다. 내가 많이 보는 영상들은 외국 패션쇼에 간 셀럽들, 요리하는 영상, 옷 입는 영상, 다이어트 영상이다. 그걸 보니까 내가 게으른 것 같고 무언갈 안 하고 있는 것 같은 조바심이 든다. 이런 마음 때문에 안 봤던 건데…. 그래도 멋진 할머니 한 분을 팔로우하게 된 것은 좋다. 즐겁게 나이들 수 있을 것 같다. 그분의 영향으로 몸에 좋은 걸 먹고 싶어졌고 운동을 하고 싶어졌다. 그래서 오늘 음쓰를 버리러 내가 다녀왔다. 매우 짧은 거리지만 움직였다!! 내가 처한 상황에서 할 수 있는 만큼을 해보자.

2024.03.23. 인스타 릴스에 빠졌다…. '눈물의 여왕' 재밌다.
시간이 너무 빨리 가네. 오늘은 드라마 감상 많이 하기로 ㅎㅎ

🗨 댓글
눈물의 여왕 너무 유치한데 재밌죠. ㅋㅋ 오랜만에 챙겨보고 있어요.

2024.03.24. 2주간 쓴 글을 회고해 보았다. 예지 작가님은 회고에서 많은 인사이트가 있으셨던 것 같은데 나는 잘 모르겠다.

우선 먼저 든 생각은 '열심히 썼네!' 기분이 많이 가라앉은 이틀을 제외하고는 다 썼다. 짧은 글이라도 남겨두니 그때의 내가 어땠는지 그려진다.

반복되는 단어는 수용, 받아들임, 온전. 내가 나의 상태를 있는 그대로 받아들이고 수용하며 나와 함께하고 싶다는 의지가 담긴 일기들이 많다. 올해의 단어는 정말 수용이네.

도윤이 다리 깁스 사건을 겪으며 현재 일어난 상황에서 후회와 걱정보다는 할 수 있는 좋은 일을 생각하는 방향으로 마음을 자꾸 보냈다. 내 마음의 방향을 그렇게 정하니까 같은 상황이라도 예전보다 걱정과 후회가 덜 되었다.

예전에는 이런 사고방식이 정신승리 같아서 싫었다. 왜 그렇게 싫었을까? 더 노력해야 하는데 좋은 쪽으로만 생각하면 안주할 것 같았다. '더 노력해야 하는데'가 중요한 포인트인 것 같다.

나 자신을 온전히 수용하지 못하고 계속 노력해야만 하는 부족한 존재로 인식하고 있었다. 노력하면 거의 다 이룰 수 있었던 20대를 지나 아무리 노력해도 안 되는 일이 있다는 것을 경험한 30대 후반이 되자, '두 가지 길 중에서 꼭 안 좋은 길을 고집할 이유가 있나'라는 의문이 처음 생기게 되었다. 같은 상황에서 좋은 쪽을 더 집중해서 보는 것. 후회와 걱정보다는 지금 현재에 집중해서 순간을 만끽하는 것. 내가 선택한 길은 이 길이다.

깁스한 도윤이를 유모차에 태우고 어제 오늘 산책을 했다. 따뜻한 햇살과 봄 냄새를 머금은 미풍이 기분을 간질간질하게 만들었다.

"햇살 참 좋다~"라고 내가 말하자.

"그러게. 참 좋다. 나는 이런 게 좋다는 생각을 못 하고 살았었는데 자기랑 만나고 나서 이런 기쁨을 알게 된 것 같아." 라는 남편의 말. 남편에게 좋은 영향을 준 것이 뿌듯하고 기뻤다.

"나는 한 상황에서 긍정적인 면을 부각해서 보는 게 정신승리 같아서 싫었거든? 근데 요즘은 두 가지 길이 있는데 굳이 안 좋은 길을 가는 게 맞나 싶더라고. 그래서 긍정적인 길로 가기로 마음먹었어. 근데 예전에는 왜 싫었을까? 자기는 어때?"

"나는 그런 걸 숙고해본 적이 없어. ㅋㅋㅋㅋ"

생각 많고 걱정 많은 나. 현재에 충실한 남편. 밸런스가 맞네.

🧑 댓글

엄마를 시도 때도 없이 웃게 만드는 도윤이, 나를 현재로 돌아오게 하는 남편, 진천 할아버지와 할머니, 그 안에 주원님. 소중한 보물들에 둘러싸여 계신 주원님! 올해가 주원님에게 어떤 해로 자리매김할지 너무 궁금해져요. 늘 제게 아낌없는 응원과 사랑 건네주셔서 정말 감사드려요. 주원님 곁에 저도 여기 있습니당 ㅎㅎ 저도 생각 걱정이 많고, 남자친구는 현재에 충실한데, 그게 밸런스가 맞는 거였네요! 자꾸 저보고 현재로 돌아오라고 해요 ㅋㅋㅋ

이렇게 좋은 인사이트를 가진 회고라니요!!! '더 노력했어야 했는데'라는 말로 나를 더 몰아세웠던 것. 안주하면 안 된다고 생각했던 것 등등 – 결국 다시 주원님을 알아차린 시간이었으니까 그것만으로도 너무나 값진 시간이지요.

<u>**2024.03.26.**</u> 의사 선생님과 상담하는 날이었다. 나는 사랑과 인정을 받고 싶다는 생각만 했지 사랑을 주어야겠다는 생각은 해본 적이 없다는 말을 했다. 선생님이 웃으시며 "엄마이고 남편도 있는데 그러냐"하셨다. 나도 함께 웃음이 났다. 웃겨서. 도윤이에게 많은 사랑을 주고 싶다는 생각은 많이 했지만 남편에게 사랑을 주고 싶다는 생각은 잘 못 했던 것 같다. ㅎㅎ

다른 사람에게 친절하고 마음을 쓰는 것도 그렇게 좋게 행동함으로써 나를 좋아해 주기를 바라고 하는 행동이었다. 그러니 억지로 잘해줘야 하니 소진되고 대가가 없으면 마음이 상하고 그랬다. 최유리 노래 중 '바람'이라는 노래에 이런 가사가 나온다.

'가난하게 사랑받고만 싶어'

사랑을 받고만 싶어하니까 계속 목이 마르고 가난한 마음이 들지 않을까.

나는 나 자신도 사랑하지 않았다. 지금도 나를 얼마나 사랑하냐고 물으면 20% 정도라고 대답할 것 같다. 늘 부족한 모습이 잘 보이고 이를 보완해 나가면 내가 더 나은 사람이 되고 그때는 나를 사랑할 수 있을 것이라 생각했다. 그런데 아무리 노력해도 부족한 부분은 계속 나왔고 나는 지쳐갔다. 자책하고 비난하는 자신을 사랑하기는 더욱 어려웠다. 하지만 이제는 그냥 내 존재 자체로 괜찮고 온전하다는 생각이 든다. 그런 이야기를 많이 접해서 그렇기도 하다.

완벽하지 않아도 온전한 나.

그래서 이제는 나에게 많은 사랑을 주고, 이게 충분해서 다른 사람에게도 사랑이 흘러가게 하고 싶다. 그리고 아이의 골절 사고를 겪고 내가 부정적 생각보다는 현실적이고 긍정적인 생각을 많이 하게 되었다고 하자 선생님이 "아이의 마음에서 어른의 마음이 많이 생겼네요."하셨다.

내 속에 있는 아이가 조금씩 크고 있음을 나도 느꼈다. 행복했다. 앞으로 더 행복해질 것 같다.

2024.03.27. 오늘 학생들과 행복집단 후속 상담을 했다. 지난 학기에 집단상담을 받았던 학생들과 3개월이 지나 다 같이 만났다. 서로의 행복 리추얼을 소개하고 진행하면서 좋았던 점들, 하기 힘들었던 점을 말하고 행복의 정의가 어떻게 변화했는지 이야기 나눴다.

나는 그날의 행복을 기록하고 칭찬 일기를 쓰는 리추얼을 76일째 진행하고 있다. 코로나에 걸려 힘들었던 시기에 한 달 공백이 있었지만 이어서 진행하여 오늘까지 왔다. 못하는 날도 있지만 꾸준히 하고 있는 이유는 시간을 확보해둔 것과 과정이 쉽기 때문이다. 도윤이가 목욕을 하고 핑크퐁을 보는 20분 동안 하루를 돌아보며 행복한 순간에 대해 기록하는 것은 어렵지 않다. 그 순간을 촬영한 사진이 있으면 더 떠올리기 쉽다. 아무리 우울하고 무기력했던 하루라도 짧은 순간의 행복은 언제나 있었다. 그걸 발견하고 기록으로 잡아두는 리추얼을 이어오니까 마음에 행복을 포착하고 느끼는 근육이 발달되었다. 오늘 학생들과 함께 이야기를 나누면서도 이런 확신이 더 강해졌다.

학생들이 생각하는 행복의 정의에도 변화가 많았다. 예전에는 큰 성취나 큰 기쁨을 행복이라고 생각했는데 지금은 일상에서의 소소한 순간에서 행복을 느낄 수 있다고 했다.

'행복은 해석하기 나름이고 늘 있다.'

'나의 행복이 충분해지니까 행복을 주변에 나눠주는 것이 더 큰 행복이다.'

'행복이 왠지 오글거린다는 느낌이 들었는데 지금은 마음속에 장착된 느낌이다.'

학생들의 주옥같은 표현이 놀라웠다.

행복집단을 기획하면서도 '성과가 있을까, 우울한 내가 지도자가 되는 게 맞는 걸까'라는 의심이 많았다. 하지만 1기, 2기, 후속 모임까지 하면서 느낀 점은 완벽한 준비가 아니라도 일단 시작해보면 내 힘만으로 굴러가는 것이 아니라 모두의 마음이 힘을 합쳐서 시너지 효과를 내며 추구하는 방향으로 간다는 것이다. 내가 완벽해야 할 필요 없이 선한 의도와 방향을 마음에 품고 있는 것만으로도 가능하다는 것이 놀랍다. 이 집단의 최대 수혜자는 나와 동료 선생님이라는 이야기를 자주 나눴다. 함께 해준 진주선생님이 참 고맙고 좋다. 나와 결이 비슷한 사람. 그래서 더 마음이 가고 함께 하고 싶은 것이 많다. 우리 둘 다 각자 힘든 시간을 보내는 와중에 행복집단을 운영했고 완벽하지 않았지만 충분했다.

완벽하지 않았지만 충분했다.

좋은 문장이다. 읽으면서 마음이 편안해진다. 어제에 이어 오늘도 다짐하게 된다. 내가 나를 충분히 사랑해주고 그 사랑이 자연스럽게 넘쳐서 나의 주변인들에게도 갔으면 좋겠다. 행복도 마찬가지다.

꽃피는 봄날이다. 많이 많이 사랑하고 행복해야지!

댓글

주원 님의 글을 이렇게 꾸준히 많이 볼 수 있다니! 저는 너무 좋았던 한 달이었습니다. 주원 님 밑미와 다르게 이번에는 기록하는 날이 많았었는데 한 달 동안 어떠셨을까요? 궁금하네요. 꼭 글로 풀어내 주세요.

2024.03.28. 어제 바쁜 와중에 두울 선생님과 선임 선생님과 이야기 할 시간이 있었다. 자신의 일도 열심히 하고 센터 전반의 일에 대해서 마음을 많이 쓰면서 앞장서서 일하는 두울선생님을 보면서 나는 과거의 내가 떠올라 '힘들지 않을까' 걱정하고 있었다. 내 과거를 그녀에게 투사한 것이다. 짧은 기간 일하는 계약직이지만 맡은 바 최선을 다하고 마음까지 쏟아주니 너무 고마웠지만 두울선생님이 걱정돼서 어제 힘들지 않냐고 물어봤다.

"저는 움직이는 걸 좋아하기도 하구요. 제가 한 일에 대해서 두 분 선생님이 좋아하시고 잘했다고 해주시니 저는 그게 좋아서 또 더 하게 되는 거 같아요. 힘든 게 있으면 말씀드릴게요."

그러게. 힘든 게 있었으면 먼저 말을 할 수도 있었을 텐데 안 한 거 보면 괜찮다는 거였는데 나는 또 나를 투사해서 힘든데 말도 못 하고 있는 건 아닌지 걱정했던 거였다.

베푸는 기쁨을 아는 두울선생님이 참 멋있었고 나와 다른 점을 발견해서 말했다.

"나는 사랑을 받고만 싶었지 주고 싶다는 생각을 못 했어요. 예전에 센터 일에도 마음을 많이 썼는데 사람들에게 인정받고 싶어서 잘한 거지 순수하게 좋은 마음으로 한 게 아니어서 나중에 힘들어졌던 것 같아요. 순수하게 좋은 마음으로 했으면 받는 사람이 기뻐하는 것을 보면서 행복할 수 있겠네요."

이런 이야기를 나눈 뒤 두울 선생님이 집에서 시를 썼다며 오늘 나에게 위의 시를 보내주었다.

몽글함의 인간화라니…. 예쁜 사람으로 불리운다니….

애정의 그릇이 커서 부족하게 느낄 수 있다는 관점도 신선했다. 두울 선생님의 시를 선물 받고 오전 9시에 함께 눈물 한줄기 흘리고 하루를 시작했다.

마음이 맞는 사람과 함께 일하고 마음까지 나눌 수 있어서 정말 행복하다. 나 정말 사랑 많이 받고 살고 있구나!

댓글
달콤 말랑 포근 따뜻- 봄이 있네요

> 예쁜 사람
> 주원쌤은 그렇게 불리운다.
>
> 사랑받고 인정받기 위해 애쓴다고 했지만,
> 본래 애정의 그릇이 남들보단 커서 채워도 채워도
> 부족한 것이 아닐까?
>
> 사랑이 충만한 주원쌤은 마음을 아름답게 사용하는 것 같다.
>
> 사랑스러움은 내 안에 있는 것
> 다른 사람의 사랑스러움을 알아보는 눈은
> 진실로 맑고 순수한 것이며
> 자기 안의 고귀한 사랑이 가득하기에 가능한 것
>
> 몽글함의 인간화 주원쌤
> 나는 주원쌤의 몽글몽글하고 말랑한 마음치가 좋다
>
> 따뜻함이 그렁그렁한 눈빛과
> 포근함이 느껴지는 말투와
> 주위를 행복하게 해주는 편안한 에너지가
> 우릴 감싸준다.
>
> 선생님을 보고 있자면
> 나도 맘치가 사르르 녹아내려
> 달콤해지는 기분이다.

2024.03.29. 에너지 분배 실패…. 엄청 피곤하다 ㅜ

지금 좀 자두고 회고 모임 전에 에너지를 조금이라도 회복했으면 좋겠다. 에너지 분배 못 했다고 자책하지 말고 그냥 푹 쉬자. 회고도 못 했지만 괜찮다. 내일 해도 된다. 회고 모임 기대된다.

2024.03.31. 어제 도윤이를 재우고 쓰려다가 같이 잠들어 버려서 못 썼다. 기록해두고 싶은 게 많은 하루였는데…. 시간이 지날수록 휘발되는 게 많으니 아쉽다. 오늘 도윤이 낮잠 잘 때 차근히 써봐야지.

어제도 그랬지만 오늘도 바쁜 일정이다. 점심에는 시댁 생신 잔치고 오후에는 좋아하는 성현 씨와 만나기로 했다.

에너지 배분 잘해서 녁다운되지 않게 아껴써야지!

2024.04.01. 도윤이가 안 잔다. 과연 재우고 글을 쓸 수 있을 것인가!

2024.04.02. 오늘의 행복

중요한 회의가 있는 날이라 좋아하는 옷을 입고 오랜만에 구두도 신으니 걸을 때 또각또각 소리가 울리는 것이 기분 좋았다. 아이와 함께 다니면서 거의 신지 않던 구두를 오늘은 혼자 출근하게 되어 신을 수 있었다. 구두 소리에 행복하다니….

왜 이리 고우냐며 오드리 헵번 같다는 칭찬을 들었다. 기분 좋다! 칭찬이 민망해도 잘 받아들이는 연습을 하고 있다. 기분 좋게 만끽해야지!

회의를 마치고 나니 녹초가 되었다. 하지만 할 일은 수두룩. 좋아하는 돌체라테를 팀장님이 사주셔서 한잔하고 나니 눈이 떠졌다. 팀장님 감사합니다.

스토크 중에서 줄기가 짧은 아이들을 골라 작은 통에 꽂아서 내 책상 위에 두었다. 향이 참 좋다. 기분 좋아지는 싱그러운 향이다.

일하기 힘든 시간에 수선화 단톡에 자목련 사진을 보내며 안부를 전했다. 답장에 느껴지는 따뜻한 마음과 전국 곳곳의 예쁜 꽃 사진을 함께 나눌 수 있어서 행복했다.

야근하려 했지만 에너지 다 떨어져서 녹다운. 마사지를 받고 집에 와서 따뜻한 물에 느긋하게 샤워를 했다. 그리고 시원한 맥주 한 캔을 올리브와 함께 맛있게 먹고 누워있는 지금, 아주 행복하다. 힘든 순간도 있었지만 다양한 행복으로 꽉 찬 하루였다. 잘 살았다 오늘도!

댓글

따스한 봄날에 주원 님의 행복이 고스란히 느껴져서 미소짓게 되어요. 주원 님 덕분에 마음이 참 따스해요. 오드리햅번 같다는 칭찬!! 그 모습, 지난 회고 미팅 때 뵈었던 것 같은데!!! 전보다 안색이 많이 밝고 편안해 보였어요. 이렇게 좋은 봄날 주원 님의 안부를 묻고 이야기를 나눌 수 있어 정말 행복해요.

2024.04.03. 어제에 이어 오늘도 참 많이 바쁜 날이었다. 요즘 잠도 안 와서 체력 소모도 크다. 에너지 분배를 잘하려고 노력하지만 쉽지 않다. 그래서 어제도 야근하려고 남았다가 못하고 마사지 받고 잤고, 오늘도 4시 프로그램 전에 이리 뛰고 저리 뛰어 다녔더니 1시간째 아무것도 못하고 멍 때리고 앉아있다. 달린 만큼 쉬어 가야지.

이제 곧 평가 회의가 시작될 거고 그 뒤는 회식!! 내가 좋아하는 회식!! ㅋㅋ 회식까지 에너지 잘 아껴보자.

댓글
힘내세요, 주원 님!!

2024.04.04. 중간에 깨고 수면제를 먹긴 했지만 푹 자고 일어났더니 개운했다. 새로운 하루가 시작된 것이 감사한 마음이었다. 출근하기 전에 아이와 함께 카페 가서 따뜻한 라테 한잔하며 꽁냥 거리는 시간이 행복했다. 어딜 가든 귀여움받는 아이. 감사했다.

느긋하게 좋아하는 음악을 들으며 오전을 시작했다. 여유를 가지고 시작하는 아침에 감사했다. 내 안의 여유가 있으니 내담자와의 상담도 힘을 뺀 상태로 편안하게 진행할 수 있었다.

좋아하는 혜지 선생님과 학식을 먹고 교내에 있는 코인 노래방에서 신나게 놀았다. 알찬 점심시간이었다. 좋은 코스! 흥을 함께 할 수 있는 사람들이 곳곳에 있음에 감사하다.

퇴근 후에는 나의 사랑 성현 씨와 그녀의 딸들과 함께 벚꽃길을 걸어서 우리가 좋아하는 파스타집에 갔다. 뇨끼를 먹으며 마시는 와인은 진짜 꾸우울맛! 맛있게 먹고 사진도 찍으며 하루를 추억할 것을 만들었다. 아이를

재우고는 혼자 나와 좋아하는 바에서 위스키를 마시며 리추얼을 하고 있다. 행복하다. 오늘 쓴 글에 '좋아하는'이라는 형용사가 참 많이 사용되었음을 알게 되었다. 나는 참 좋아하는 게 많은 사람이구나. 좋아하는 것이 많고 그걸 즐길 수 있는 내 삶이 좋다. 감사하고 행복하다.

<u>2024.04.05.</u> 실적 마감 기간이라 일이 많고 힘든 하루였다. 내가 담당하는 업무가 실적에 큰 비중을 차지하고 있어서 내가 빨리 완성해야 센터 전체 실적이 나오고 선임 선생님이 보고서를 쓸 수 있는 상황이었다. 게다가 한 지표가 미달이 나와서 이유를 찾아야 하는 상황이었다.

그래서 마음이 급한데 선임 선생님도 마음이 급해서인지 실적을 계속 예상해보면서 말을 걸어서 집중하기가 어려웠다. 중요한 이야기라서 하지 말아 달라고 말하기도 어려워서 계속 집중이 흐트러지고 다시 잡아보고 하다 보니 많이 지쳤다. 중요한 이야기가 아니었어도 지금은 집중하고 싶으니 말을 잠시 걸지 말아 달라고 이야기할 수 있었을까? 잘 모르겠다.

원래 5시에 만나기로 한 성현 씨와의 약속을 6시로 미루고 1시간 더 일했지만 결국은 완성하지 못했다. 월요일까지 완성하기로 하고 퇴근했으나 월요일에는 상담도 많아서 일할 시간이 적어 걱정이 한가득인 채로 성현 씨와 만났다. 피곤하지만 너무 좋아하는 성현 씨여서 약속을 취소해야겠다는 생각 자체를 못 했다.

그런데 내가 에너지가 없으니 성현 씨와 만나는 시간이 힘들었다. 성현 씨 집에서 저녁을 먹는데 도윤이는 이서가 만지지 말라고 하는 장난감을 계속 만져서 이서는 계속 속상해하고 4개월 된 예서는 애앵 하고 자주 울고 …. 우리는 저녁 먹을 것을 세팅하면서 애 셋을 어르고….

나는 피곤할 때 먹어서 피곤을 회복하고자 하는 성향이 강해서 어서 먹고 싶은데 아이들을 케어하느라 잘 먹지도 못하니까 짜증이 났다. 그리고 자기 집에 놀러오라고 했으면서 장난감을 빌려주지 않고 계속 이르는 이서에게도 짜증이 나고…(아이고, 미안해 이서야. 이모가 이때는 좀 상태가 안좋았어) 아무거나 막 만지고 하지 말라고 해도 아랑곳하지 않는 도윤이에게도 짜증나고 내가 잘못 키웠다는 자책까지 들었다. 그러니 어서 헤어지고 싶었고 앞으로는 못 만날 것 같다는 생각도 들었다(너무 극단적인 나의 생각 패턴).

내가 졸리다고 하자 성현 씨는 바로 좀 자라고 말해줬다. 다정한 사람. 잠시 쉬면서 내가 말했다.

"이서랑 도윤이가 서로 저러니까 어떻게 해야할지 모르겠어요."

"저는 그냥 개입 안 하려고 해요. 서로 폭력이 일어나는 건 말려야 하지만 둘이 해결할 기회도 주려고요. 이서가 사촌 언니랑 투닥거리는 게 많은데 개입하니까 자꾸 편들어 달라고 하더라구요. 그래서 요즘은 그냥 둘이 해결하게 돼요. 싸움 구경이 제일 재밌잖아요. 언니, 저는 지금도 재밌어요. 너무 신경쓰지 마요. 보통 상대방 엄마도 신경쓰이잖아요. 근데 우리 사이에 그런 생각을 왜 해요~ 그리고 도윤이 행동이 불편했으면 저도 도윤이 엄마라고 생각하니까 제가 알려줬을 거예요."

성현 씨의 따뜻하고 현명한 위로에 안심이 확 됐다.

'아, 역시 이 사람과는 어떤 이야기도 나눌 수 있지. 말하기를 잘했다.'

그래도 피곤이 해결된 것은 아니라서 집으로 서둘러 돌아와 남편에게 아이를 맡기고 1시간쯤 자고 일어났다. 남편과 이야기를 나누니 내가 너무 피곤해서 개입을 할 에너지가 없었고 부정적인 생각을 하게 된 것이지 평소의 나는 그렇지 않다는 것을 발견했다. 그리고 도윤이는 지금 자라라는 과정이니까 알려주고 연습하면 된다는 것도 다시 한번 자각했다. 오히려 남편은 남의 눈치 너무 많이 보는 것보다 자기가 하고 싶은 것에 집중하는 모습이 나오는 게 나은 것 같다고 했다. 자신이 먼저고 배려와 양보는 배우면 된다고. 눈치를 많이 보는 사람인 나도 공감하는 부분이다.

오늘 00님이 보내주신 링크를 인상 깊게 보았었다. 부정적인 사건이나 감정을 기록해서 사실 그대로 묶어 두는 것이 아주 중요하다는 것을 배우고 오늘 실천했다. 이서와 도윤이가 장난감을 가지고 서로 투닥거린 것을 가지고 나는 이제 만날 수 없겠다는 생각까지 아주 극단적으로 갔었다. 이 사건을 기록해두지 않았으면 앞으로 만나는 것이 조심스럽고 걱정될 수 있었겠지. 나의 파국적인 사고 패턴과 피곤할 때 내가 그 성향이 더 강해진다는 것을 기록을 통해 다시 한번 자각하게 되었다. 힘든 경험을 했지만 중요한 날이었네. 푹 자고 일어나서 새날을 맞이하자. 수고했어, 주원아.

댓글
수고했어요, 주원님~~

2024.04.06. 완연한 봄. 느긋하게 아침 먹고 헬로 카봇 뮤지컬을 보러 갔다. 시작하기 전에 산책을 했는데 우연히 간 곳에서 멋진 벚꽃을 발견해서 더 기뻤다. 나는 이런 우연이 더 신나고 좋더라.

뮤지컬 소리가 너무 컸는지 도윤이는 약간 경직된 얼굴로 1시간 내내 있었다. 손을 잡아주자 꼭 잡고 보는 도윤이가 귀여웠다. 다 끝나고 불이 켜지니 웃으며 재밌었단다. 맛있는 계란말이가 나오는 닭볶음탕집에 가서 점심을 먹고 좋아하는 카페에서 커피를 마셨다. 봉명동에 가면 꼭 들려주는 나만의 코스. 좋아하는 게 있다는 건 참 기쁜 일이구나.

도윤이가 자는 동안 출근해서 밀린 일들을 하고 오니 마음의 부담이 많이 덜어졌다. 그 뒤로 골리버 샘을 만나서 마음이 더 편하고 좋았다. 그동안 못 나눴던 이야기를 실컷 할 수 있어서 좋았다. 마음이 참 예쁜 사람.

배웅해 주는 길에 본 벚꽃도 참 예뻤다. 오늘은 에너지 배분을 잘해서 힘들지 않았다. 잘했어!

2024.04.08. 어제 스터디 끝나고 쓰려다가 결국 놓쳤다. ㅎㅎ

너무 피곤했으니 단잠을 잔 것만으로도 충분하다. 놓치는 것들은 또 놓치는 대로 흘러가야지.

주말에도 나와서 일했지만 아직 내일까지 끝내야 할 일이 산더미다. 너무 큰 덩어리라서 심리적 장벽도 있다. 오늘 야근하면서 집중해서 잘 끝내봐야지. 완성도를 높일 생각하지 말고 완성하는 것에 집중해보자! 50%의 완성도로! 수정은 나중에도 할 수 있다~

점심시간에 선생님들과 화영 선생님 카니발 타고 김밥 먹으면서 꽃구경하고 왔다. 다 같이 야유회 나가는 기분 ^^ 짧은 시간이었지만 많이 웃고 알차게 다녀왔다.

두울 선생님은 MZ, 나는 NG, 선임 선생님은 GG, 화영 선생님은 딴지 ㅋㅋㅋ 이런 언어 개그를 하면서 우리가 깔깔 웃으니 ISTJ인 JS 선생님은 어리둥절…. ㅋㅋ 같이 안 웃는 JS 선생님이 더 웃기다 ㅋㅋ

다시 열일 해야지~~!

2024.04.09. 학교 근처에 신기한 복숭아나무가 있다. 한 나무에 꽃이 3종류의 색으로 핀다. 흰색, 꽃분홍색, 흰색과 꽃분홍색이 섞인 꽃. 봄마다 그 신기한 복숭아나무 꽃을 보려고 평소 출근길이 아닌 길로 간다. 계속 피지 않고 있더니 오늘 아침에 보니 피어있어서 차를 주차하고 호다닥 감상하고 사진을 찍었다. 봄마다 하는 나만의 꽃 감상 리추얼. 계절을 사랑하고 그 사랑이 확장되어 내 삶을 사랑하게 되는 것 같다.

정말 바쁘게 일을 마치고 점심시간에도 상담이 있었는데 취소되어서 잠시 산책할 수 있었다. 따뜻한 햇빛을 맞으며 걸어서 벚꽃이 핀 곳으로 갔다. 봄바람과 함께 꽃비가 내리고 있었다. 행복한 순간이었다.

아이 병원에서 2주 뒤에 깁스를 푼다고 했다. 길게 느껴졌던 6주가 이제 끝나간다.

해야 할 일이 많아서 무겁게 느껴지고 뒷일까지 계속 생각나니 우울해졌다. 이걸 알아차리고 집에 와서 아이와 한숨 자고 일어나니 괜찮아졌다. 걱정이 많아질 때면 좀 쉬는 게 나에게는 중요하다는 것을 꼭 기억하자. 한 번에 하나씩 할 수 있는 만큼만 해나가면 된다.

엄마가 해주신 봄나물 7종 세트와 쑥국을 야무지게 챙겨 먹었다. 이렇게 챙겨주시는 부모님이 가까이 계시다는 게 감사하다.

2024.04.11. 도윤이 재우다가 같이 잠들어서 새벽이 되어버렸네. ㅎㅎ. 계속 졸리고 해야 할 일들이 무겁게 느껴지고 다 못 할 거라는 생각이 드는 것을 보니 기운이 가라앉고 있음을 느낀다. 예전이었으면 '내려가기 너무 싫어. 으~~!!'라고 생각했을 텐데 요즘은 '올라갔으니 내려가야지. 어쩌겠어.' 이렇게 생각하면서 받아들이고 있다. 내려가는 것을 너무 싫어 했을 때보다 마음이 편안하다.

오늘 했던 좋아하는 일을 기록해봐야지. 태그를 걸어두고 모아봐야겠다.

#내가좋아하는것

- 조금 뜨거운듯한 물로 샤워하는 것, 샤봉 스크럽이나 자몽 바디워시를 쓰면 기분이 더 좋아짐
- 운전석 쪽 창문을 다 열어두고 팔을 걸쳐두고 바람을 아주 실컷 맞으며 운전을 하는 것
- 시원한 아메리카노를 텀블러에 넣어두고 얼음이 부딪히는 소리를 들으며 마시는 것

- 히비스커스티를 아이스로 마시며 유리컵에서 빨간색이 서서히 퍼지는 것을 보는 것
- 좋아하는 책을 읽으며 밑줄을 치는 일

<u>**2024.04.12.**</u> 바쁜 하루였다. 오전까지는 부서평가 증빙자료 제출해야 하고 2시까지 끝내야 할 보고서가 6개, 센터 전체로 하면 16개였다. 그 와중에 오전에 상담이 2개가 잡혀있어서 급하게 일정 조율하고 보고서 작업을 했다. 내껀 완성되었지만 선임 선생님 담당 보고서가 마무리가 안 돼서 도와드리고 3시에 보냈다. 2시에 보내지 못하고 도와야 하는 상황이 되자 조바심도 나고 마음이 불편했다. 선임 선생님이 바로 지난주에 나를 도와주셨는데…. 마음을 조금 더 넓게 쓰고 싶은데 쉽지 않다. ㅜㅜ

그래도 점심에 약속이 있어서 나갔다 왔는데 예쁜 꽃구경도 하고 친한 사람들과 재밌는 얘기도 하고 좋았다.

학교에서 글쓰기 동호회를 만들어보려고 한다. 기록의 봄 경험이 너무 좋아서 학교에서 함께 일하는 선생님들과도 하고 싶어졌다. 10명이 모여야 동호회 신청을 할 수 있다. 친한 사람이 10명이 안 되는 나. ㅋㅋ 다른 선생님에게 얘기했더니 그 선생님이 은근 마당발이라 착착 모이고 있다. 이러다 진짜 할 수 있을 것 같다!! 머릿속에만 넣어두지 않고 입 밖으로 꺼내길 잘했다. 그냥 한번 시작해봐야지! 안되면 말구. 예지 작가님에게 배운 마인드!

저녁으로 도윤이와 남편과 맛있게 떡볶이, 순대, 치킨을 먹고 산책했다. 봄 냄새와 함께 싱그런 여름 냄새도 났다. 정말 빠르네! 수영도 다녀오고 혼자 바에 가서 술도 두 잔 마셨다. 원래는 술 마시면서 글 쓰려고 했는데 무슨 정신인지…. 폰을 집에 두고 나와서 지금 급하게 집에 와서 쓰는 중 ㅋㅋ 오늘 인증 꼭 해야지!!

💬 **댓글**
엄마를 걱정하는 도윤이의 마음 몽글몽글~~ 저는 아직 아이가 없지만 주원 님의 글만으로도 제가 감동을 받네요 ㅎㅎㅎ

2024.04.13. 상당산성에 가니 역시나 벚꽃이 절정이었다. 꽃비를 마음껏 감상하고 맛있는 점심을 먹고 왔다. 그런데 무척 졸려서 정신을 못 차릴 정도였다. 우울하지는 않지만 너무 졸린다. 못 잤던 만큼 잠이 몰려 오는 거겠지. 받아들이자. 수용하자.

2024.04.14. 하루 종일 에너지를 많이 써서 그런가 초저녁부터 너무 졸리다. 지금 조금 자고 밤에 일어나서 잠깐이라도 글을 더 쓸 수 있으면 좋겠다. 일단 지금은 꿀딱.

다행히 도윤이 재우고 일어나기 성공! 이번 주말은 무언가 해야 할 숙제가 없어서 마음이 편안했다. 숙제가 없었던 주말이 언제였더라? 잘 생각나지 않는 것을 보니 꽤 오래전인 거 같다. 늘 해야 할 숙제로 인한 부담감. 미루는 습관도 영향이 있지만 항상 무언가 더 발전해야 한다는 생각에 늘 숙제가 있었다.

오늘도 1급 필기 공부를 해야 한다는 생각은 있었지만 공부 시간을 정해두고 공부하지 않는 시간에는 부담을 안가지니 마음이 참 편하고 좋았다.
앞으로도 내 마음을 내가 편안하게 해줘야지. 편하게 있으면 발전하지 않고 안주할까 봐 계속 불편하게 했던 것 같다.

새로 산 아이패드로 글을 적고 있는데 참 좋다. 아직 노트 활용법은 익숙하지 않아서 배울 것이 많다. 익숙하지 않고 시간이 걸리는 일인데 마음이 조급하고 싫어진다. 예전 같으면 조급한 마음이 계속 들었을 텐데.
이번에는 '잘 모르는 거니까 시간이 오래 걸릴 수밖에 없지. 당연해'라는 생각이 들면서 조급함이 줄어든다. 생각을 알아차리는 것만으로도 다른 생각을 할 수 있다.
기록의 힘이 작용하는 것 같다. 좋다.

💬 댓글

주원 님 스스로에게 많이 너그럽고 부드러워지신 것 같아요! 마음에 여유도! 때때로 누군가 내 마음을 알아차려 주고 따뜻한 말을 건네주길 바라게 되는데 기록의 힘!을 빌어서 내가 내 안에 목소리를 듣고 어떤 말을 건네줄까? 하고 고민하고 투닥투닥 하는 과정이 참 아름다운 것 같아요 내 스스로에게 그리 건네다 보면 곁에도 흘려줄 수 있게 될 것 같아서 지금의 과정이 참 소중하게 느껴져요! 풍랑은 또 있겠지만(내 안에 모진 것..ㅎㅎ) 그 또한 같이 기대어 통과해 가용!! 주원 님의 존재가 소중하고 든든합니닷.

    ↳ 00님의 따뜻한 댓글은 언제나 힘이 돼요. 감사해요. 제가 늘 외부에서 받기를 바라던 것을 스스로에게 해줄 수 있게 된 것 같아요. 풍랑은 또 오겠지만 잘 넘어갈 수 있을 것 같아요. 함께 기대어 통과해요♥

주원 님의 글에 이제는 여유와 너그러움이 묻어나는 것 같아 참 좋습니다. 회고 모임 때 주원 님의 편안한 음성과 천천히 곱씹으며 이야기하는 장면도 아직도 선명해요. 뭔가 항상 쫓기듯이 이야기하셨고 눈빛도 많이 불안해 보였는데 정말 다른 사람이 앉아있는 줄 알았어요. 주원님 마음이 봄인 것 같아서 덩달아 저 역시도 따뜻했습니다. 많이 사랑하고 응원해요!

    ↳ 작가님과 같이 소통했던 게 1년이 조금 넘었네요. 밑미와 책 모임을 넘어 기록의 봄까지 작가님과 함께 할 수 있어서 가능했던 변화였어요. 요즘 정말 마음이 편안해요. 감사해요. 저도 많이 사랑해요 ♥ 앞으로도 같이 걸어가요!

2024.04.15. 남편의 생일이라 아침부터 밀키트로 오리고기 월남쌈을 해 먹었다. 어제 끓여둔 미역국과 함께 맛있게 먹었다. 밥을 깜빡해서 밥 없이 먹었지만… 맛있었고 행복했다.

비도 오고 바쁜 일도 끝이 나서 조금 처지는 기분이 들었다. 처지는 기분을 억지로 끌어올리려고도 하지 않고 너무 우울해지지도 않고 그냥 있었다. 점심을 먹고 나서는 잠깐 졸았다. 그러고 나니 한결 기분이 가벼워져서 오후 상담을 잘할 수 있었다. 그냥 있는 그대로를 수용하는 것이 중요함을 다시 한번 느꼈다. 그럴 수 있는 여유가 있음에 감사하고 행복했다.

저녁 먹고는 수영을 다녀왔다. 물속에서 움직이는 느낌과 물 안에 들어갔을 때의 고요함이 좋다. 게다가 운동에서 잘한다는 말을 거의 들어본 적이 없는데 수영 다니면서는 잘한다는 소리를 들으니 참 신기하다. 오늘도 재밌었다.

초저녁부터 계속 졸리다… 푹 자고 일어나서 내일을 맞이해야지.

2024.04.16. 오늘은 하루 종일 졸리다. 저녁 먹기 전에도 한숨 잤지만 해결되지 않는다. 일찍 자고 새로운 내일을 맞이해야지.

2024.04.22. 며칠간 동굴 안에서 지냈다. 기운이 떨어지게 되면 꼭 동굴에 들어가야 살 수 있을 것 같은 생각이 강하게 든다. 동굴에 들어가 있다고 다 괜찮아지는 것도 아닌데…. 눈도 귀도 닫고 바깥세상의 일이나 내면의 파도를 모른 척하고 싶다.

오늘은 출근하기는 성공. 하지만 일은 하지 못하고 있다. 오늘까지 해야 할 보고서가 있는데…. 못하겠다고 해야 할까? 못하겠다고 하기에는 너무 늦은 게 아닐까? 할 수 있는 만큼이라도 해서 마무리하는 게 좋은 걸까?

댓글
저도 동굴에 들어가서 늘어지게 자고만 싶네요….

2024.04.23. 아이가 노는 모습을 보다가 문득 '내가 지금 억지로 하고 있는 것이 있나?'라는 생각이 들었다. 생각해 보니 그 어떤 것도 없었다. 직장도 내가 선택한 곳이고 그만두지 않고 다니는 것도 100% 나의 의지이다. 돈도 필요하고 안정적인 직장에서의 안정감과 경력도 필요하다. 아이를 낳고 기르는 것도 나의 선택이었다. 1급을 따고 싶은 것도 내가 하고 싶은 것이라서 공부를 하는 것이고 글도 쓰고 싶어서 쓰는 것이다. 그런데 왜 그렇게 하기 싫다는 생각이 자주 드는 것인지 고민해 보니 내가 선택한 것이라는 것을 망각하고 어쩔 수 없이 해야 하는 것이라 생각하니 주도성이 떨어지고 마치 엄마가 시켜서 억지로 하는 공부처럼 하기 싫었던 것이다! 나의 주도성을 잊지 말고 기억한다면 일상을 좀 더 단순하고 능동적으로 살 수 있을 것 같다. 모두 나의 선택이다. 내가 선택한 인생과 일상을 나의 속도대로 취향대로 살아내고 싶다. 그 어떤 것과도 바꿀 수 없는 나만의 것.

> 💬 **댓글**
> 근데 왜 그렇게 하기 싫다는 생각이 자주 드는 것인지 되돌아본 것! 너무너무너무너무 잘 하셨네요!!

<u>2024.04.24.</u> 비가 오고 난 뒤의 하늘과 나무색이 정말 멋졌다. 이래 저래 하루가 지나간다. 그래도 살아간다. 엉망이라도 엉망이 아니라도. 졸리다.

<u>2024.04.27.</u> 4월 기록 많이 하지도 못했고 회고도 못 했고 기운도 없고 기분도 좋지 않으니 회고 모임에 들어가지 말까 하다가 그래도 글 못 썼을 때 더 회고 모임 와야 한다고 강조하던 작가님 말이 생각나서 들어갔는데 회고모임 참석하길 너무 잘했다! 잘했다, 잘했어.

오늘 얻은 인사이트가 많아서 바로 적고 자고 싶다. 잘 적으려고 하면 또 부담이 생기니까, 잊지 않기 위한 기록이라고 생각하고 남겨야지. (잘 쓴 글에 대해 나에게 질문하는 시간도 꼭 가져봐야겠다.)

OO님의 말에서 기록에 대한 목적을 새롭게 정의할 수 있었다.
'내 글이 얼마만큼 나의 이야기를 온전히 담아내는가?' 이것이 기준이 된다면 타인과 비교하지 않고 기록할 수 있을 것 같다.

이것과 함께 본질에 대한 작가님의 말이 참 와닿았다. 왜 글을 쓰려고 하는지, 아이는 왜 낳았는지….

다른 사람이나 사회의 기준이 아닌 나만의 대답을 하기 위한 질문의 과정. 질문을 하고 그것을 쓰는 것이 나의 기록이고 이 기록들이 모여서 나의 철학, 가치관이 되는 것.

분수라는 단어가 '네 분수를 알아라' 이런 문장에서의 뉘앙스 때문에 싫었는데 한계라는 의미로 사용될 수 있음에 놀라웠다. 나의 한계를 아는 것 =나를 있는 그대로 수용하는 것.

나는 나의 한계를 잘 모르는 것 같다. 그래서 늘 에너지를 무진장 쓰고 나서 너무 높이 날아오르다 불타 죽은 이카로스처럼 우울의 진창에 빠지고 만다. 내가 세운 높은 기준(사회적 요구도 많이 반영된)만 바라보느라 나의 한계를 생각하지 않아서 좌절이 반복되는 것 같다. 나의 한계를 알고 나를 지키고 보살피는 삶을 살고 싶다. 나를 마구 써대고 힘이 빠져서 우울해하면 죽어라 비난하는 이 지독한 패턴에서 벗어나고 싶다.

회고-되돌아보다-되짚다-곱씹다. 이런 단어가 내 인생에는 참 안 나오는 단어들이다. 빠르고 눈에 보이는 성취를 좋아하고 새로운 것을 좋아하는 나에게 여러 번 곱씹는 것은 재미없는 일이라고 생각된다. 시간의 낭비라는 생각도 들었다.

하지만 여러 번 곱씹으면서 그때의 상황에 따라 매번 다른 대답이 나오는 나의 대답들을 모으는 일은 굉장히 의미 있는 일 같다.

인생을 다시 살 수는 없지만 다시 쓸 수는 있다. 여러 의미들을 발견할 수 있다. 곱씹어 보는 것이 의미없는 반복행동이 아니라 숙고하는 것이구나. 나는 숙고가 참 어렵게 느껴진다. 진지하게 앉아서 골똘히 고민해야 할 것 같아서 금방 좀이 쑤시는 기분이다.

숙고=곰곰이 잘 생각함, 또는 그런 생각. 아주 자세히 참고함.

곰곰=여러모로 깊이 생각하는 모양 (유의어: 가만히, 곰곰이, 깊이)

막상 찾아보니 그렇게 엄청 큰 뜻의 단어는 아니고 심플하다. 곰곰이 잘 생각하는 것. 몇 시간이고 가만히 앉아서 고민해야 깊이 생각하는 것이라는 나의 기준이 있는 것 같다.

기록을 통해 내 안의 생각을 꺼내 살펴보는 것도 깊이 보는 과정일 텐데…. 내가 할 수 있는 만큼만 숙고하면 되는 것 아닐까? 숙고의 능력도 하다 보면 늘지 않을까?

지금은 1차로 나의 생각과 감정을 판단하고 꼬리표 붙이지 않고 그냥 끄집어내서 기록해보는 것. 그것이 나의 숙고 1단계일 것 같다. 기록의 봄을 시작하면서 나의 숙고가 시작된 것이네. 좋다.

놀아주다가 아니라 논다. 키운다가 아니라 보살피고 돌본다. 읽어준다가 아니라 읽는다.

작가님의 말이 내가 생각하던 것과 똑같아서 너무 놀랐다. 특히 놀아주다→논다. 아이와 놀아준다고 생각하면 그 시간이 금방 지루해지고 시간이 느리게 간다. 반복놀이를 좋아하는 도윤이와 새로운 것을 좋아하는 나이기에 더욱 그렇다. 그런데 같이 논다고 생각하면 내가 좋아하는 놀이도 제안할 수 있고 내가 능동적인 태도가 되기 때문에 시간도 잘 가고, 가장 큰 차이는 일단 즐겁다! 육아의 다른 영역에서도 작가님이 제안해준 관점으로 시도해봐가겠다. 그러면 좀 더 육아가 편안할 것 같다.

선택. 4월의 나의 단어이다. 우울하고 무기력해서 아무것도 하기 싫은 2주였다. 그런데 문득 '왜 이렇게 하기 싫지? 누가 시킨 일들인가?' 싶은 생각이 들었다.

생각해 보니 지금 내가 해야 하는 일들 중 누가 시켜서 하는 것은 아무것도 없었다. 모두가 나의 선택이었다.

내가 선택한 것인데 하기 싫으면 하지 않으면 되는 것이고 하기 싫어도 해야 할 이유가 있다면 그냥 하는 것을 선택하면 그만인 일인 것이다. 그런데 그걸 잊고 '하기 싫다'만 반복하고 있으니 더 우울해지고 하기 싫었던 것 같다.

내가 선택한 일들임을 기억하고 주체적으로 결정하고 행동하고 싶다. '모두 나의 선택이다. 내가 선택한 인생과 일상을 나의 속도대로 취향대로 살아내고 싶다. 그 어떤 것과도 바꿀 수 없는 나만의 것.'

4월 23일에 작성한 나의 문장. 계속 곱씹으면서 되뇌여야지. 내가 실제로 이렇게 살아갈 수 있도록.

5월에 가져가고 싶은 마음가짐. 4월의 문장과 이어진다. 내가 선택한 인생과 일상을 나의 속도와 취향대로 살아가고 싶다.

나의 한계를 알고 수용하고 싶다. 나에게 친절하고 나를 보살펴주고 싶다.

어떤 5월을 보내게 될지 기대되는 밤이다.

🗨 **댓글**
이 멋진 글을 이제야 보다니♥

2024.04.29. 금요일에는 오후 내내 생각만 하다가 손을 못 대던 일을 오늘은 오전에 끝내야 해서 1시간 30분 만에 다 완성했다. 이럴 거면 금요일에 했으면 마음에 부담도 안가고 좋잖아? 그런데 또 그게 잘 안 된다. 나란 사람, 왜 이렇게 로딩 시간이 긴 것일까? 잘하고 싶어서? 엄두가 안 나다가 마감 시간이 되면 어떻게든 하게 되는 걸까?

요즘 도윤이와의 출퇴근 루틴은 마트 주차장에 주차하고 지나가는 차 보기다. 새로운 길로 가서 경찰서나 소방서를 보는 것이었다가 학교 카페나 내 사무실에 들르다가 이제는 주차장이다.

하염없이 차를 바라보는 도윤이의 얼굴에 석양빛이 비춰지는 순간, 동글동글한 나의 작은 사람이 한없이 사랑스럽게 느껴졌다. 어쩜 그렇게 얼굴과 몸의 모든 부분이 다 동글동글할 수가 있을까?

그 굴곡이 미치게 사랑스럽다.

2024.04.30. 며칠 동안 못하고 가지고만 있던 일을 오늘 두 개나 끝냈다. 고민이 너무 길어지면 손도 못 대고 끙끙 앓게 된다. 일단 시작하기! 그게 중요한 것 같다. 퇴근하는 길에 아카시아 향이 달큰하게 잘 느껴지는 건 마음이 가벼워서일까? 기분 좋은 향을 맘껏 맡으며 퇴근했다. 내일 쉬는 날이라 금요일 밤 같은 기분! 잠도 오는데 놀고도 싶고 ㅋㅋ

2024.05.01. 휴일이라 느긋하게 늦잠을 잤다. 중간중간 도윤이가 와서 완전 느긋하진 않았지만…. 그래도 나를 잘 수 있게 해준 남편에게 고맙다. 휴일에 늦잠 자고 싶어 하는 나를 남편은 허용한다. 아침잠 없는 자기가 하는 게 맞다며…. 참 고마운 일이다. 산책하고 공원에 돗자리 깔고 잠시 앉았다가 좋아하는 파스타집에 가서 맛있는 점심을 먹었다. 와인 한 잔하면서 먹을 걸 그랬나 ㅎㅎ 뇨끼는 와인과 함께 먹어야 더 맛있는 걸로.

진천에 좋은 카페가 있다고 해서 가는 길에 도윤이와 함께 달게 낮잠도 잤다. 내 품에 안겨서 잠든 아이를 바라볼 때의 평안함은 뭐랄까, 마치 평안함 속에 내가 잠겨있는 기분이다. 보이지 않는 것을 내 손에 꼭 붙들고 있는 느낌 같기도 하고.

도착한 카페는 산속에서 멋진 풍경을 보유하고 예쁜 꽃들이 가득한 곳이었다. 음악도 좋고 향도 좋고 책도 많고. 내가 좋아할 곳이라던 시누이의 말이 맞았다. 느긋하게 놀다가 집에 도착해서 다시 잠시 쉬었다. 김치찌개를 끓이고 엄마가 주신 장떡을 구워서 저녁을 먹고 공부를 핑계로 도윤이를 남편이 재우는 동안 나는 드라마를 봤다. 하하하

별일 없이 무탈하게 지나간 하루가 참 감사하다. 그리고 적다 보니 별일 없었던 게 아니네. 좋아하는 거 참 많이 했네. 잘 자고 내일도 잘 살자.

<u>2024.05.03.</u> 도윤이 어린이집이 어린이날 행사로 놀이기구를 빌려서 놀이동산으로 변신했다. 다리가 좀 불편해도 앉아서 타는 놀이기구를 신나게 즐긴 도윤이. 오랜만에 햇빛 아래에서 실컷 놀았다. 집에 오니 먼지가 느껴지는 얼굴. 씻고 나니 개운하다. 오늘 하루도 잘 지냈다!

<u>2024.05.05.</u> 일어나기 싫어서 12시 20분까지 침대에 널브러져 있었다. 늦잠 자서 좋다가 나중에는 행복하다는 심정보다는 이토록 일어나기 싫어하는 내가 이해가 안 돼서 용수철처럼 일어났다. 내일은 좀 더 일찍 일어나야겠다. 10시쯤! 중간에 남편이 깨우러 왔지만 꿈쩍도 하지 않자 포기하고 나갔다. 미안합니다.

    대신 오후에는 아이와 나만 외출하고 남편에게 자유시간을 선물했다. 성현 씨 가족과 함께 문화제초장에 다녀왔다. 귀여운 쪼꼬미 예서를 안아봤는데… 갓난쟁이 안은 지 오랜만이어서 너무 행복했다. 귀여운 말랭이.

    아이들이 의외로 전시장을 좋아해서 놀랐다. 미리 설명해 주자 조용히 관람하고 관람 선을 넘어가지도 않았다. 간혹 작품만 보고 다가가서 넘어가기도 했지만, 아이들이 훌쩍 컸음을 또 실감한 하루였다.

    함께 먹은 커피와 쿠키도 맛있었고 저녁으로는 내가 좋아하는 생어거스틴에 가서 뿌팟퐁 카레와 똠양쿵 쌀국수를 먹었다. 똠양쿵 쌀국수 처음 먹어봤는데 진짜 최고! 다음에도 먹어야지. 전시장을 한 번 더 가고 싶다는 도윤이를 데리고 한 번 더 보고 나왔다. 호기심 많은 아이의 눈으로 작품에 이름을 붙여주니 나도 덩달아 재밌었다. 다음에 또 가자!

2024.05.06. 잠이 안 와서 4시쯤 잠들었다가 10시에 일어났다. 깨우지 않아도 일어나자 남편이 기적이라고 놀렸다. 어른이 기저귀 찰 일이라고..(라임 맞춘 거..)

갑자기 잠이 안 오길래 다시 경조증이 왔나 싶었지만 오늘 하루를 지내보니 그건 아닌 것 같다. 흐린 날 때문인지 오후에도 적당히 졸렸으며 에너지가 팡팡 도는 기분은 들지 않았다. 아이 선물을 사러 대형마트에 갔다. 오늘 만날 조카 선물까지 사니까 거의 10만 원이 되었다. 점심을 먹으며 남편이 말했다.

"그래도 10만 원 쓰는 게 너무 힘들고 고민되지 않을 정도는 벌어서 참 다행이야. 아이가 갖고 싶어 하는데 돈 때문에 사줄 수 없으면 미안할 것 같아."

"맞아. 나도 그렇게 생각해. 감사한 일이지."

오늘도 현재에 감사하는 법을 남편에게 배운다. 남편을 생각하면 '안분지족'이 생각난다. 가진 것에 만족하고 큰 욕심을 부리지 않는 모습을 볼 때마다 나와 다름에 놀라고 또 배운다. 처음에는 '너무 욕심이 없는 것이 아닌가. 야망도 없고….'라고 생각했었다. 하지만 이 사람과 13년을 지내보니, 욕심 없이 그냥 만족하며 자신의 삶을 충실히 살아도 충분하다는 것을 알게 되었다. 늘 더 채워야 할 부분에 집중해서 쫓기듯 살아가는 내가 배워야 할 부분을 남편이 가지고 있어서 다행이다.

신나는 노래를 들을 때, 고개를 흔들며 춤을 추는 아이를 바라보면서 행복했다. 차 안에서 내 품에 안겨 곤히 잠든 아이를 바라볼 때 평온하고 행복했다. 아이와 조카가 서로 깔깔 웃으며 장난치는 모습을 볼 때 행복했다. 어제부터 상담심리사 1급 필기 공부를 시작했다. 머리에 잘 들어오지 않지만 그래도 자리에 앉아서 한 내가 대견하고 좋다.

2024.05.08. 비가 온 뒤라 날이 정말 쾌청했다. 하늘도 맑고 나뭇잎의 연둣빛은 더욱 빛났다. 오전 1시간 휴가를 쓰고 해가 가득 들어오는 차 안에서 한숨 더 잤다. 꿈결같이 행복했다(자고 일어나서 안 자고 일찍 출근했으면 어땠을까? 조금 후회하기도 했지만 일단은 좋았다). 아침잠이 너무 달다. 1시간 휴가 너무 좋다. 이게 8번 모이면 8시간이라 하루 연차인데, 이렇게 휴가를 쓰는 게 맞나 싶지만 아침 잠이 너무 좋은 걸 어떡해. 내가 좋은 대로 쓰면 되는 거지. 이왕 쓸 거면 즐겁게 쓰자. 아니면 하루 연차를 위해 아침잠의 즐거움을 가끔만 누리든지.

점심에 친한 혜지 선생님과 함께 시원한 막국수를 먹고 팔짱 끼고 다이소에 다녀왔다. 내가 기분이 가라앉아 있어서 재미없으면 어떡하지 걱정된다고 하니, 그 선생님이 너무 재밌고 좋다고 말했다. 내가 너무 혼자 걱정하는 것을 다시 한번 알게 되었다. 걱정되는 마음을 말하고 나서부터는 나도 더 재밌었다.

엑셀로 하는 단순 작업이 있었는데 퇴근 시간 1시간 전에 시작했는데 재밌어서 계속하고 싶었다. 내일 가서 마무리해야지.

저녁으로 맛있는 비빔밥을 해 먹고 남편이 아이를 재우는 동안 인스타는 좀 많이 보고 공부는 조금 했다(하하하). 소요시간이 서로 바뀌면 좋겠지만, 일단 공부를 한 것에 큰 의의를 둔다! 잘했다!

🗨 **댓글**

4월의 마지막 다짐대로 주원 님이 원하는 방향과 맞닿고 있는 5월인 것 같아서 흐뭇합니다. 주원 님의 글 참 좋아요!! 계속 이야기 들려주세요.

↳ 엉엉. 작가님 이런 칭찬 너무 고맙잖아요. 느낌표 몇 개인 거예요. 작가님이 글 좋다고 하니까 더더 쓰고 싶어지네요. 감사해요. 많이 사랑합니다.

<u>2024.05.13.</u> 시험이 한 달 정도밖에 남지 않았는데 공부하려고 앉았다가 기록의 봄에 들어왔다. 뭐라도 남겨둬야지 싶어서 글을 먼저 쓴다. 공부가 하기 싫은 것도 맞다. ㅋㅋ

    시험을 합격하고 싶으면 공부를 하면 되는 건데 왜 하기 싫은 걸까? 피곤하기도 하고 안 하던 공부를 하려니까 집중도 잘 안 된다. 그래도 하기로 했으면 일단 시작은 해보자. 30분 만이라도 앉아서 해보는 것. 기록의 봄 기록 남기고 30분만 하고 자자!

    오늘 도윤이 학부모 상담을 다녀왔다. 밝게 잘 지내고 어릴 때보다 다양한 놀이에 관심을 가진다고 하셨다. 반가운 이야기였다. 다만 자조활동이 조금 부족하다고 하셨다. 작년에도 들었던 말인데 여전한가 보다. 생각해 보면 내가 해주는 게 더 빠르기 때문에 도윤이에게 혼자 할 기회를 잘 주지 않은 게 큰 것 같다. 5살인데 아직도 밥을 먹여준다. 혼자서 다 할 수 있는데 집에서는 영상 보면서 밥을 먹여주니까 편하니까 계속 그렇게 하려고 한다. 6월에 이사 가서는 새로운 환경에서 새롭게 세팅을 해야겠다. 이제 이사 가서 새집에서는 밥 먹을 때 영상 못 보는 걸로 약속해야겠다. 느리더라도 서툴더라도 도윤이가 직접 할 수 있는 일은 맡기고 기다려줘야겠다. 노력해보자!

__2024.05.17.__ 불금이닷! 도윤이 재우고 일어날 수 있으면 좋겠다.

2024.05.18. 오늘은 기록을 남기고 싶다.

예지 작가님이 친구와 일본으로 여행을 간다는 사실을 알게 된 후로 그녀의 스토리를 계속 주의 깊게 보고 있다. 이제 떠나는구나, 이제 도착했구나, 낮 사케를 드셨구나. ㅎㅎ

계속 보는 이유는 부러워서. 아이가 어리고 둘인데도 맡기고 갈 수 있다는 점과 출근이 자유로운 프리랜서라는 점과 함께 떠날 좋은 여행 메이트가 있다는 것도 다 부럽다.

물론 작가님이 매주 시댁에 가서 마일리지 차곡차곡 쌓아온 시간들이 있었고, 프리랜서이기 때문에 감당해야 하는 불안도 있을 테지만 그냥 다 부러웠다.

최근에 마음이 힘든 일이 있었던 터라 이번 여행으로 회복하고 재충전하기를 바라는 응원하는 마음도 크다. 그리고 덕분에 좋은 사진도 많이 구경했다. 글을 쓰다보니 결심이 하나 생긴다. 나도 부러워만 하지 말고 나를 위한 시간을 가져봐야겠다!

1급 시험이 한달 뒤로 다가왔다. 남편은 주말에도 도서관에 가서 공부하고 오라고 했었는데 주말 내내 아이와 떨어지는 것은 싫어서 내가 안 가고 있다. 매일 잠을 재우는 것도 번갈아 가면서 하자고 했는데 내가 피곤해서 그냥 자고 싶다고 내가 재우는 날도 많았다. 공부하러 공부방에 와서도 인스타 릴스에 빠진 날도 많았고..

다 가질 수는 없다. 중요한 일이 있으면 에너지를 집중해야 할 수밖에 없고 그러면 소홀해지는 부분이 생길 수밖에 없다. 한 달이 그렇게 긴 시간은 아니다. 집중해서 해보자! 아이와 함께 하는 시간도 양보다는 질이라는 것을 기억하자.

오전에 아쿠아리움에 가려고 하다가 도윤이가 안 나가겠다고 해서 무산되고 겨우 산책을 다녀왔다. 12시쯤 나가서 4시까지 있었으니 긴 산책이었지만 ㅎㅎ 깁스를 푼 이후 처음으로 유모차를 가지고 가지 않았다. 느긋하게 걸으면서 혹은 멈춰서 자동차 구경에 정신이 팔린 도윤이. 자동차를 정말 너무 좋아한다. 언제까지 이어지려나.

도윤이 덕분에 천천히 걸으니 주변의 풍경을 더 잘 관찰할 수 있었다. 벚나무에 버찌가 벌써 익어가고 있었다. 몇 개 따 먹었는데 쓴맛이 많이 났지만 과육이 부드러워 좋았다. 중간중간 놀이터에도 들러주고 목마르다고 빵집에도 들어가고…. 여유로운 시간이었다. 육교도 건너봤다. 힘들다고 해서 중간에 외식도 하고 호수 공원으로 갔더니 그림 그리기 대회를 하고 있었다. 엄청난 인파를 신기해하며 구경하고 그늘에 돗자리를 깔고 누워서 하늘을 감상했다. 여유롭고 행복했다. 물과 간식도 사 와서 셋이서 단란하게 먹고 도윤이 잡기 놀이, 엄마 잡기 놀기, 아빠 잡기 놀이를 했다. 밖에 나갈 때 옷 갈아입는 걸 싫어해서 오늘도 내복 입고 나온 도윤이. 도윤아, 사람들이 너 왜 내복 입고 나왔냐고 수군거렸어. 내복 바람으로 공원을 마구 잘 뛰어다녔다. 엄마가 저녁 먹으러 오라고 해서 공원에서 바로 엄마 집으로 갔다. 도윤이는 뻗어서 잠들었고 나도 배부르게 먹고 옆에 좀 누워서 쉬었다.

평안하고 여유로운 하루였다. 감사하다. 다른 사람을 부러워하기보다 내 삶을 더 사랑하고 싶다. 그래 보자.

🗨️ **댓글**

아이코 주의 깊게 보고 계셨군요! 더 많이 올릴 걸 그랬어요. 그냥 자유로운 몸이 좋아서 그 시간, 순간에만 집중했던 것 같아요. 맞아요. 저도 그랬어요. 그동안 남편 미워한 거 시댁 미워한 거 이런 시간들로 퉁쳐야지 ㅎㅎㅎ 하면서요.

<u>2024.05.20.</u> 오늘은 바쁜 하루였다. TF회의록도 정리했고(2시간 회의한 회의록 한글 문서 11페이지. ㄷㄷ) 지출 발의도 했고 상담도 받고 또 했고 행복집단상담도 하고 9시에 끝났다. 도윤이가 5시에 일어나서 그때 깼는데. 우와, 나 진짜 오늘 하루 꽉꽉 채워서 보냈네. 지금은 좋아하는 바에 와서 1급 공부도 하고 글도 쓰고 있다. 경조증이 다시 왔다.

너무 우울하지도 않고 할 일을 그래도 할 수 있는 일주일이었다. '이대로 살 수 있으면 참 좋겠다'라는 생각을 하면 꼭 경조증이 온다. 경조증을 그렇게 기다릴 때는 안 오면서…. 이게 인생의 모순인 건가? 그래. 다 주지 않지. 나는 조울증이지만 행복하다. 그거면 됐지. 불행한 순간도 있지만 행복한 순간도 많다. 오늘 하루도 행복했다. 행복 집단상담 사상 가장 많은 인원인 10명이 왔고 순조롭게 끝났다. 일상 속에서 자신만의 행복을 발견하는 여정을 3주 동안 할 예정이다. 집단을 하면서 가장 큰 수혜자는 나다. 참 감사하다.

좋아하는 바에 와서 처음에는 시원한 맥주(빅웨이브: 이걸 마시면 하와이 신혼여행 추억이 생각나서 좋다)를 마시고 늘 마시던 위스키를 한 잔하고 집에 돌아왔다. 알딸딸하고 기분 좋았다.

댓글

헤헤. 저도 하루에도 몇십, 몇백 번씩 행불행의 순간들을 넘나드는 것 같아요. 그런 날은 불행 쪽으로 휩싸이기 쉬운데 그럴 때면 오늘은 행복지수가 몇 %였고 이런 순간을 내가 좋아했고 불행지수가 몇 %였구나. 이런 순간을 내가 못 버터는 구나, 오늘은 그런 날이었구나. 다 주지 않지, 그치만 오늘 행복했어! 라고 마무리 지으면 행복이 분명 이기더라구요! 좋아하는 바에서 공부하고 글 쓰는 주원 님의 모습이 눈에 그려져서 너무 엘레강스합니당 ㅎㅎㅎ

ㄴ 행복이 분명 이긴다! 좋네요. 엘레강스라는 단어도 좋네요. ㅋㅋ 좋게 봐주셔서 감사해요

ㄴ 일상 속에서 주원 님만의 행복을 발견하는 3주간의 여정을 응원합니다!

2024.05.21. 오늘은 도윤이 영검 및 정형외과 때문에 연차를 쓴 날.

새벽 5시에 깨서 잠이 안 와서 오랜만에 아침 산책을 나갔다. 몇 개월 만에 맨발 산책을 했는데 땅의 느낌이 정말 좋았다.

'아, 그렇지. 나 이 느낌 진짜 좋아하지. 이걸 잊고 살았네'

누군가가 빗자루로 정성스럽게 길을 쓸어두어서 편하게 걸을 수 있었다. 그래. 우리는 모두 누군가의 도움으로 살아가지. 누구도 혼자 살아갈 수 없지. 신비한 새소리가 오케스트라처럼 울려 퍼지고 햇빛이 쏟아지는 나무 밑에 앉아 있는 순간 참 행복했다.

아침으로 프렌치토스트를 해서 도윤이랑 맛있게 먹고 은행도 다녀오고 영검도 잘 받고 시력검사 해보라고 해서 바로 안과도 다녀오고 점심 챙겨 먹고 다시 또 산책 나갔다. 도윤이가 잠든 틈에 나는 옷도 사고 이제 차 타고 정형외과 다녀오고 엄마집에 갔다가 텃밭에도 갔다. 새로 생긴 카페에도 가고 마사지도 받고 도윤이 영상영어 공부도 하고…. 씻기고 지금 누워있다. 우와, 숨차. 이렇게 꽉꽉 채운 날이면 하루를 잘 살았다는 충만감과 뿌듯함이 크다. 그런데 중간중간 피곤했다. 몸도 아프고 그래서 마사지를 받으러 갔는데 이 몸으로 어떻게 사냐고, 안 아프냐고 하셨다. 우울할 때는 잠을 많이 자고 몸의 감각에도 무뎌지는지 하나도 아프지 않다. 그런데 경조증 때는 잠을 못 자기 때문에 신체 통증이 너무 심하다. 디스크가 있는데 통증을 못 느끼는 게 이상한 거라며 신체 감각에 무디면 나중에 큰 병 난다고 걱정해주셨다. 아프지 않아도 관리해줘야 한다고 당부하셨다.

막 굴리며 쓴 나날들이 미안했다. 몸아, 이제 잘 보살펴줄게. 아프다고 신호 보내기 전에 잘 돌볼게. 지금까지 잘 살아와 줘서 너무 고마워. 수고한 몸에 무한 감사함이 드는 밤이다.

오늘 떠오른 문장은 '안 괜찮아도 괜찮아' '조울증이라도 괜찮아, 조울증이라도 행복해'였다.

조울증이 나의 전부가 아니다. 그저 나의 한 부분일 뿐이다. 나의 건강한 면을 더 많이 발견하고 충분히 느끼고 싶다는 마음이 요즘 올라온다. 그 느낌이 참 좋다.

암튼. 오늘 하루 진짜 징하게 열심히 살았다잉~~ 푹 자자!

댓글
글로만 읽어도 얼마나 가득찬 하루인지 느껴지네요. 무엇보다 주원 님의 글을 많이 볼 수 있어서 행복한 기록의 봄이었습니다. 진솔한 마음으로 주원 님의 날것을 기꺼이 꺼내주셔서 진심으로 감사드립니다. 회고 모임에서 만나요!

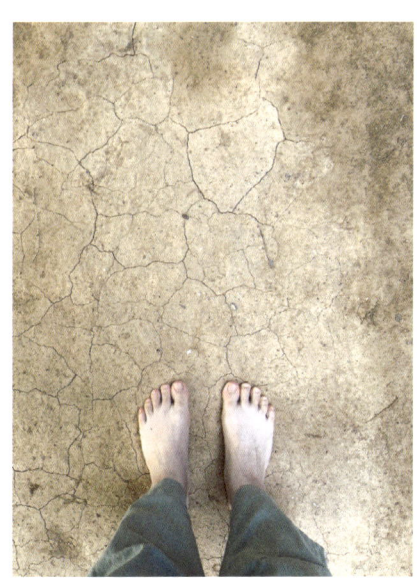 

2024.05.22. 나는 늘 정답이 알고 싶었다. 인생에는 정답이 없다는데 꼭 있는 것 같았다. 그래서 남들이 어떻게 하는지를 아주 유심히 관찰하고 그중에 가장 좋아 보이는 것을 따라 했다. 하지만 비교할 사람들은 너무나 많고 제각각이었고 모순되었다. 나이가 들어갈수록 남을 따라 하는 것에는 한계가 있었다.

결국 남에게만 주의를 기울이다 보니 정작 내가 좋아하고 편안해하는 방식은 모르는 상태가 되었다. 있지도 않은 정답을 찾으려고 발버둥치지 말고 이제 나를 알아가야겠다. 작가님이 늘 이야기하는 나에게 질문을 던지는 것부터 시작인 것 같다.

오늘 기분은 어때? 속상한 이유가 뭐야? 어떻게 하면 마음이 풀어질 것 같아? 지금 하고 싶은 게 뭐야? 하고 나니 기분이 좀 어때? 이걸 해야 하는데 어떤 방법으로 하면 편할 것 같아? 하고 싶은 말이 뭐야? 이런 질문들….

외부에만 세워둔 안테나를 나에게 돌리고 텅 빈 내 안을 조금씩 채워가고 싶다.

이렇게 글을 쓰는 것도 나를 알아가는 중요한 과정임을 안다. 세상이 외치는 정답이 정답이 아니라고 반문하는 예지작가님을 만나고 책모임과 수선화 멤버들과 함께 해서 정말 든든하고 좋다. 모두 감사해요.

2024.05.23. 내 인생을 긍정하다.

오늘 잠깐 산책하는데 이 문장이 떠올랐다.

그래. 나는 늘 다른 사람의 인생을 부러워하고 따라 하려고 하고 내 인생은 부족하다 느꼈는데 지금은 내 인생을 긍정한다. 긍정한다고 생각만 하는 게 아니고, 확실하게 '긍정한다'고 힘주어 말할 수 있을 정도로 말이다. 내 인생을 긍정한다는 것은 있는 그대로 수용한다는 말 같다.

한계와 수용.

이 문장이 떠오른 순간 이후로 마음이 편안해지고 든든해지고 발걸음도 힘차졌다.

2024.05.24. 불금 회식 중. 너무 너무 좋고 재밌다. 회고 모임도 기대된다.

2024.05.25. 어제 너무 신이 나서 에너지를 많이 썼다. 잠도 잘 못 자고 아침부터 피곤했다. 성현 씨를 만나서 좋은 시간을 보냈지만 오후에 수퍼비전 보고서를 작성하려고 도서관에 왔는데도 집중이 잘 안 됐다. 너무 피곤했다. 아무것도 안 하고 싶고 내가 다 잘못 한거 같았다. 파국적인 생각이 들때 '쉬고 나면 괜찮아져' 나를 달래며 그 생각과 거리를 두었다. 예전보다 거리감이 많이 생겼다. 도윤이가 잠들었다길래 집에 와서 도윤이 옆에 누워서 좀 쉬었다. 그러고 나니 다시 기운이 좀 났다. 그런데 저녁 먹고 산책을 나갔는데 다시 체력이 부족해지자 파국적인 생각이 계속 났다. 이때도 '자고 나면 괜찮아져'를 되뇌이면서 집에 왔다. 이제 자려고 누웠다. 다 괜찮아 주원아. 자고 나면 괜찮아져. 그리고 괜찮지 않아도 괜찮아. 푹 자자.

2024.05.26. 점심을 먹고 나서는 완전 녹다운. 저녁 먹기 전까지 도윤이가 낮잠을 자서 다행히 좀 쉴 수 있었다. 성현 씨와의 약속도 이서가 열이 나서 못 간 거였지만 내 상태도 못 갈 수준이었다.

왜 이렇게 뒷일은 생각하지 않고 지르는지…. 수비 보고서도 고려했어야 하는데 성현 씨랑 놀고 싶어서 토, 일 둘 다 약속을 잡아버린 나. 나의 한계를 안다는 건 참 어려운 일이네.

비가 시원하게 내린 하루. 화창할 때 도윤이와 함께 걸을 수 있어서 행복했다. 비 오는 저녁이라 김치전과 함께 들깨 옹심이를 먹었다. 맛있어. 먹고 한 시간 자고 8시부터 스터디하고 아직 완성하지 못한 보고서를 붙잡고 있다가 집중이 안 돼서 글쓰기부터 하고 있다. 글쓰기 하면서 마음을 다잡고 다시 시작해야지. 12시 전에 끝내고 오늘은 푹 자야지! 내일을 생각해야 한다.

며칠 전 남편과 불편한 일이 있어서 계속 눈치를 보다가 나도 화가 나고 말았다. 이것에 대해서 선생님들과도 이야기하고 상담에서도 다루고 나서 남편과 오늘 얘기를 나눴다. 자기는 화가 난 것은 아니고 복합적으로 스트레스가 있어서 바람 쐬러 나갔다 왔다고 한다. 말하고 나니 계속 눈치 보지 않아도 되어서 좋다. 눈치 보다가 혼자 화나지 말고 물어보자!

금요일 회식도 너무 재밌었지만 다음 날 여파가 컸다. 잠을 꼭 푹 자자.

__2024.05.27.__ 지금 너무 졸리다. 집단상담할 때 집중도 잘 안 되고 흐름이 잘 못 되는 것 같아서 계속 마음이 괴로웠다. 계속 부정적인 생각이 드는 나를 알아차리고 현실로 돌아오려고 애썼다. 부정적 자동사고를 멈추고 합리적인 생각으로 돌아올 수 있어서 다행이었다. 집단이 끝나고 함께 한 선생님에게 물어보니 역시나 아무 티도 나지 않았고 잘했다는 말을 들었다. 자동적이고 부정적인 사고를 알아차리고 멈추는 힘이 생긴 것에 감사하다. 자고 일어나면 새 아침이 와 있을 거야. 어서 자자. 오늘도 수고했어!

__2024.05.28.__ 어제 너무 피곤해서 바로 수면제를 먹고 11시쯤 잠들었다. 새벽에 깨서 시간을 보니 1시. 그래서 반 알을 더 먹고 잠들어서 5시까지 잤다. 그래도 6시간을 잤더니 오늘 하루가 훨씬 살 만했다. 잠의 중요성. 잊지 말고 6시간 이상은 꼭 자자.

  아침에 우연히 좋아하는 가영 선생님을 만나서 잠깐 커피를 마실 수 있었다. 둘째를 키우느라 휴직 중인데 첫째를 키울 때보다 훨씬 낫다고 한다. 편안하게 웃으며 이야기하는 모습을 보니 나까지 기분 좋아졌다. 비결은 돈을 쓰는 것. 아이 돌보미 서비스를 자주 이용한다고 했다. 시험공부 때문에 도윤이를 남편이 많이 봐서 눈치 보이고 미안하다고 말하자 내게도 주말 시터나 놀이 선생님을 구해보라고 조언해줬다. 생각해 보니 진짜 좋은 방법이어서 집에 청소하러 와주시는 관리사님이 하원 도우미도 하신다는 게 생각나서 연락드렸더니 가능하다고 하셨다. 그래서 남편과 연락하고 오늘 저녁부터 당장 와주십사 이야기했는데, 나중에 남편이 다시 생각해 보니 그렇게까지 안 해도 될 것 같다고 자기가 하겠다고 했다. 게다가 나는 오늘 갑작스레 발표 자료를 만들어야 하는 게 있어서 야근을 하게 되었고 남편은 건강검진이라 아이를 하원시켜서 집에 데려갔다. 야근하고 오니 남편이 엄청 지쳐 있었다. 우리 둘 다 지치면 안 되니까 나는 외부의 도움을 받고 싶은데 남편은 왜 하지 말자고 했는지 이야기를 한번 해봐야 겠다.

 발표 준비를 위한 회의를 거의 2시간 동안 했는데 실시간 회의록 쓰다가 나중에는 배도 고프고 눈도 흐릿해졌다. 교수님들은 정말 대단하신 것 같다. 그 놀라운 집중력!
 차기 센터장님이 되실 교수님이 오늘 학생처장님께 아주 중요한 이야기를 해주셨다. 상담센터에서 학교 전체의 교수 상담 체계까지 맡는 것은 말이 안 된다는 기조였다. 개인 상담은 아주 세밀하고 마이크로한 부분을 다루는 일인데 그걸 전문으로 하기 위해 뽑힌 상담사가 학교 전체 상담의 거시적인 체계를 관리하는 것은 서로 성격이 너무 다른 일을 하는 것이라 맞지 않는다고 하셨다. 내가 처음 입사했을 때, 1학년 전체 대상으로 하는 대학 생활 적응을 위한 필수교과를 상담센터에서 운영하고 있었고 내가 그 담당자여서 아주 많이 고생했던 기억이 났다. 차기 센터장님이 그런 생각을 가지고 계셔서 참 다행이고 든든했다. 내가 상담 일과 학교 행정 일을 하며 힘든 부분을 말로 설명해 주셔서 나도 속이 시원했다. 내가 어려운 이유가 있었구나 싶었다.

 도윤이 재우고 나와서 필기 공부하기 성공! 짧은 시간이지만 했다는 것에 뿌듯해하며 나를 칭찬해주자. 양보다 시간을 기준으로 하는 게 좋을 거라는 선임 선생님의 말에 따라, 오늘 30분만 더 공부하고 자자!

2024.05.30. 컨디션 관리 실패. 목감기에 걸리고 오늘 오후부터는 완전 힘없이 있었다. 그 와중에 상담도 하고. 그래도 상담할 때가 제일 나았다. 얼른 푹 자고 활기찬 내일을 맞이하자.

2024.05.31. 오늘은 센터 워크숍을 다녀왔다. 멀리 가기엔 부담이 돼서 가까운 곳으로 갔는데 밖에 나가서 고기 구워 먹으니 기분이 좋았다. 날씨도 청명하고 바람도 불어서 시원하고 좋았다. 노래방에 가서 열창하고 아이를 데리고 집에 오니 피곤했다. 공부하라고 아이를 데리고 남편이 산책을 나갔는데 그 사이 나는 졸았다. 남편에게 미안했다. 푹 자고 내일 열심히 공부해야지.

기록의 여름

해바라기

기록의 여름 해바라기

2024.06.01. 잠이 많이 오기 시작한다. 예전에는 이럴 때 많이 우울해지면서 자책도 하는데 오늘은 '잠을 지금까지 많이 못 잤으니 그럴 수 있지'라고 말해주며 받아들였다. 공부하려고 사무실 가서도 2시간 자고 저녁 먹고도 차 안에서 2시간을 잤다. 잠깐 눈 감은 것 같았는데 2시간이라니. ㅎㅎ

경조증 이제 안녕. 우울증 다시 안녕.

우울증이 다시 찾아왔다고 생각해도 꽤 괜찮다. 나를 잘 돌보는 방법을 이제 꽤 알고 있어서겠지?

비난하고 혼내는 대신 있는 그대로 나를 수용하고 돌봐줘야지. 이런 내가 든든하다.

🗨️ **댓글**

저도 다른 누군가가 아닌 저를 가장 미워하고 나의 못남을 매일 탓하던 때가 있었어요. 지금은 저의 부족함을 인정하고 그래, 이만하면 잘했지, 조금 내려놓으며 살고 있어요. '있는 그대로의 나를 수용하고 돌본다'의 문장이 훅 와닿는 밤이네요. 나를 가장 아끼며 살아가요 우리.

┗ 나를 가장 아끼며 살아가요 우리. 이 문장이 제게 또 와닿네요. 감사해요 00님.

여름에도 주원 님과 함께여서 참 좋아요. 오락가락하는 내 마음. 그런 나를 있는 그대로 수용하고 돌보기로 했던 봄날의 작은 다짐들이 떠올라요. 이런 내가 든든하다니! 이미 스스로에 든든한 존재가 되어주고 충분히 잘 해주고 계시는걸요.

┗ 저도 00님과 여름에도 함께여서 행복해요. 이미 충분하다는 말에 안심이 되네요. 감사해요 00님.

2024.06.02. 오늘은 하루종일 집중해서 공부한 날. 10분도 집중하기 어려웠는데 몇 주가 지나고 시험이 얼마 남지 않아서인지 집중이 잘됐다. 다행이다. 또 앞선 걱정을 했다. 나를 믿어주고 그냥 했으면 더 좋았을 텐데. 앞으로 나를 더 믿어주자.

오창호수도서관 5층에 있는 카페는 풍경이 정말 좋다. 그 풍경을 바라보며 공부하니 눈도 싱그럽고 좋았다. 5층 야외휴게실도 풍경이 좋아서 점심으로 싸 온 군고구마와 우유를 그곳에서 먹었다. 초록은 언제 보아도 좋다. 좋다는 말이 많이 나왔네. 좋은 하루를 보냈구나.

남편이 도윤이를 온전히 봐줘서 주말 내내 집중해서 공부할 수 있었다. 나는 남편이 힘들까 봐, 그리고 눈치도 보여서 도우미를 부르면 어떨까 제안했는데 자기가 못할 상황도 아닌데 부르는 건 도윤이에게 미안하다며  해보겠다고 했다. 이 주제로 상담 선생님과 이야기를 나눴는데 "아이를 향한 아빠의 사랑이네요." 라고 하셨다. 내가 아이와 하루 종일 있는 게 힘드니까 남편도 그럴 것이라 생각한 거고 내가 눈치 보기 싫어서 도우미를 부르려고 했지 아빠의 사랑으로 보진 못했던 거다. 나의 예상과 다르게 남편과 도윤이 모두 주말을 잘 보낸 것 같다. 참 감사한 일이다.

댓글

주원 님만의 아늑한 정원에 차곡차곡 씨앗을 뿌리고 정성껏 가꾸고 있는 주원 님. 때가 되면 주원 님이 간절히 품고 있는 그 씨앗이 주원 님의 정원 가득 멋지게 피어날 거예요. 나를 더 믿어주기로 해요 우리! 언제나처럼 곁에서 응원드립니다.

2024.06.10. 6월이 시작되면서 함께 시작된 우울.

올라갔었으니 내려오는 것이 당연한 것을 알면서도 우울에게 머리 잡히는 기분은 싫다. 며칠 동안은 손 놓고 계속 잤다. 그럼에도 출근하고 밥을 먹고 하긴 했지만. 누울 수 있는 시간 모두를 누워서 보냈다. 시험도 앞두고 있어서 마음의 부담과 자괴감은 훨씬 더 컸다. 기록은 생각도 나지 않았다. '계속 자고 싶어, 쉬고 싶어.' 물 밖에 나와서 헐떡이는 물고기처럼 잠과 쉼에 헐떡이면서 다른 생각은 하나도 나지 않았다.

그렇게 며칠을 보내고 나니 기록도 생각이 나고 시험도 생각이 났다. 한 줄이라도 써서 버팀목을 삼고 싶다는 마음이 들었지만 '소용이 있을까'라는 회의감에 쓰지는 않았다. 그래도 오늘은 꼭 쓰면서 내가 가고 싶은 방향으로 마음을 돌리고 싶어서 쓰고 있다.

우울할 때 그냥 아무 생각 안 나고 우울해하는 게 순리일까? 아니면 그럼에도 내가 가고자 하는 방향으로 마음을 돌리고 다잡는 것이 순리일까? 잘 모르겠다. 뭐가 맞는지 알더라도 초반의 극심한 우울에는 장사가 없어서 똑같을 것 같지만. 정답을 찾기보다 그때그때 나에게 맞는 방법을 해보는 수밖에 없지 않을까. 지금은 조금 다른 생각을 할 수 있게 되었으니 다른 선택들을 해보자.

단톡방에 작가님의 글 답장으로 너무 무거운 이야기를 꺼낸 것 같아서 마음에 걸린다. 그럼에도 꺼내두고 나니 이렇게 글도 남길 수 있고 내 마음을 나도 더 잘 알게 된 것 같다. 못 먹어도 고! 이런 마음이었는데 남기고 나니 역시 좋구나.

💬 댓글

으, 전혀 무거운 이야기로 전달되지 않았어요. 그냥 주원 님께 또 그런 구간이 왔구나 싶었는걸요! 주원 님! 오락가락하는 게 너무나 당연해요. 아마 그만큼 예민하고 섬세하기 때문에 타인을 상담하는 직업을 업으로 삼고 계시겠죠? 마음의 나침반이 누구보다 섬세하기 때문이라고 생각해요.
지금처럼 우울의 늪에 빠져있다가, 그럼에도 살고자 방향을 틀어도 봤다가. 그때그때 마음 가는 대로 뚜벅뚜벅 걸어가면 됩니다. 걷다가 어려우면 앉고 눕고 다 해도 괜찮아요.
　↳ 언제나 응원해줘서 감사해요, 작가님! 앉고 눕고 헤매도 뚜벅뚜벅 걸어가 볼게요.

2024.06.18. 오랜만에 쓰는 글.

　오늘은 오전에 2시간 휴가를 쓰고 차에서 누워있다가 11시에 출근을 했다.
　여름이라 뜨거운 햇빛이 차 안으로 인정사정없이 들어와 무척 더웠다. 이제 못 하겠다. 빨리 출근해야지. 시원한 사무실에 있어야지.
　기분이 가라앉아 있으면 다른 사람들을 만나고 싶지 않다. 하지만 이제 이 상태에서 좀 벗어나고 싶다. 내일은 다른 선택을 해야지.

　빨리 해야 할 지출 발의와 행정 업무를 하고 여유가 생겨서 기록의 여름 밴드에 들어와 다른 사람들의 글을 읽었다. 촘촘하게 새겨진 일상의 기록들이 참 좋았다. 나도 기록해둘 걸…. 도윤이와 좋았던 순간도 많았는데 싶었다. 후회하기보다 앞으로 나가기! 그래서 오늘을 기록해본다.

　요즘은 모든 일에서 한 걸음 뒤로 물러나 있고 싶다. 책임지고 싶지 않고 최소한의 주어진 일만 하고 싶다. 그래서 내일 하는 총장님 보고에도 들어가고 싶지 않았다. 조금이라도 복잡하게 느껴지는 일은 하고 싶지 않다. 그냥 자든지, 머리 비우고 멍하게 넷플릭스나 웹툰을 보고 싶다. 왜 그럴까?

잘 모르겠다. 내가 잘할 수 없을 것 같아서 하고 싶지 않다. 자신이 없다. 자신이 없는 나를 또 나는 비난하기 바쁘다. 비난해서 힘 빠지게 할 게 아니라 지치고 자신이 없는 나에게 조금 더 다정하면 어떨까? 도윤이가 지치고 자신 없어 할 때, 내가 어떻게 해주면 좋을까? 지친 몸과 마음을 쉬게 도와주고 어떤 부분이 어려운지 묻고 도와주면 좋겠지. 도윤이를 생각하며 나를 대한다면 조금 더 친절하게 할 수 있을 것 같다. 좋은 생각이다!

댓글

'작고 사소한 일이라도 오로지 나를 위한 일이 나를 일으켜주는 힘이 되어 줄 수 있다. 그렇게, 소소하지만 나를 위한 다정한 마음을 쌓는 게, 살아가는 것 아닐까.' 약속 장소에서 잠시 기다리며 읽고 있던 책에서 한 문장을 주원 님께 선물로 드리고 싶어서 가져와 봤어요. 주원 님을 아이 다루듯 물어봐 주고 안아주며 오늘도 그리 보내시기를 늘 응원합니다.
　↳ OO님, 다정한 응원 감사해요. 작고 사소한 일이라도 오로지 나를 위한 일. 실천하는 하루 보내요, 우리!

주원님. 매순간 걱정되는 게 많고, 마음속이 복잡해지는 것 같죠? 요즘 저도 그런 생각이 많은데…. 나에게 조금 더 친절을 베풀고, 여유있는 시간이 꼭 만들어지길 바라요~~
　↳ OO님도 그러시군요. 다정한 위로와 응원 감사해요♥

저도 가끔 반대로 생각해요. 아이에게 해주고 싶은 것을 나에게 해주기. 아이가 이랬으면 좋겠다면 내가 그렇게 하기!!!

<u>2024.06.19.</u> 오늘 아침에 1시간 휴가 쓰지 않고 9시 출근에 성공했다. 어제는 뜨거운 햇빛 받으며 불편하게 차에 누워있는 게 무슨 소용인가 싶은 생각이 들어서 오늘은 사무실에 일찍 가야지 다짐했던 것을 지켰다. 더 누워있고 싶다는 생각에 넘어갈 뻔했지만 그래도 나를 달래며 출근했다. 엄청 뿌듯하다거나 기운이 솟지는 않는다. 그걸 기대하는 게 이상한 것일 수도. 잔잔한 감정들에 조금 더 마음을 기울여 봐야겠다. 너무 극적인 감정들에 익숙해져서 감정의 역치가 높아져 잔잔한 감정들을 잘 못 느끼는 것 같다. 잘 못 느끼니까 쌓이는 것을 모를 수도 있겠다.

도윤이가 사소한 것을 잘했을 때도 물개박수 치면서 칭찬해주니까 오늘 일찍 출근한 나에게도 일부러라도 요란스럽게 칭찬해줘야지. 잘했어! 짝짝짝. 그리고 아침의 깨끗한 마음을 기록하고 싶어서 기록하는 것도 칭찬해. 오늘 하루는 그 누구보다 더 나에게 친절한 하루를 보내자.

<u>2024.07.02.</u> 나의 삶을 소중하게 대하고 싶다.
'아 몰라. 다 귀찮아.'라는 생각만 가득하다가 내 삶과 시간을 소중하게 쓰고 싶다는 생각이 어느샌가 생겨나기 시작했다. 매 순간 감사하며 살아야지. 살뜰히 나와 주변을 챙기며 살아야지. 우선 나부터!

2024.07.03. 하루를 보내며 자주 귀찮고 하기 싫은 순간이 찾아왔지만 그때마다 삶을 소중하게 대하겠다는 다짐을 되새기며 15분 타이머를 맞춰두고 할 일을 했다.

그 덕분에 오늘 아침에 적어둔 할 일을 모두 마치고 퇴근할 수 있었다. 매순간을 생산성 100%로 살아갈 수 없음을 받아들이고 있다. 15분 일하고 30분 쉴 수도 있음을 수용하고 있다.

나를 힘들게 하지 않고 무리하지 않는 선에서 할 일을 하는 법을 연습하고 있다. 할 일을 하지 않고 계속 미루는 것도 나에게 부담이 되는 일임을 기억하자. 무조건 쉰다고 좋은 것이 아니다.

균형 있게 낮 시간을 보낸 힘으로 도윤이 치과도 다녀오고 저녁도 야채와 단백질을 잘 챙겨 먹었다. 잘했다. 오늘 하루도 잘 살았다.

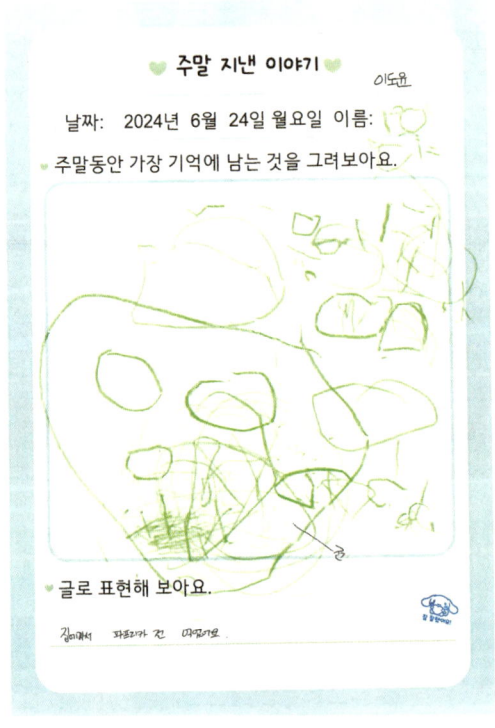

<u>2024.07.04.</u> 오늘 내 사례에 대해 슈퍼비전을 받았다. 이상하게 싫은 마음이 자꾸 들어서 도움이 필요한 사례였다.

내담자가 상담에 오지 않았으면 하는 마음이 잘 들지 않는데 그런 마음이 들어서 괴로웠기 때문이다.

나의 앞서 나간 개입을 잘 받아들이지 못하고 솔직하게 반복해서 튕겨 내는 내담자의 모습이 불편했음을 발견할 수 있었다. 내가 순응적인 편이라 누군가가 하는 말이 잘 이해가 되지 않아도 그 자리에서 바로 반문하지 않고 '그렇게 생각할 수 있지'라며 따라가는 쪽이다 보니 솔직하게 이해가 안 간다고 여러 번 이야기하는 모습이 고집스럽게 보이기도 하고 내 말이 하나도 수용되지 않는 것 같아서 기분이 상했던 것이다.

나의 성격 특성으로 인해 내담자의 솔직한 모습이 잘난 척으로 왜곡되어 보이고 싫어지는 것을 생생하게 발견할 수 있어서 많은 공부가 되었다.

그리고 다시 한번 나를 알아가는 것이 상담자로 성장하기 위해 얼마나 중요한 일인지를 실감했다.

또 가장 중요했던 지점은 내담자가 이상적인 자기와 현실의 자기의 간극에서 오는 슬픔을 이야기하는 부분에서 내가 그 슬픔에 머물기 싫어서 머리로 하는 질문을 던졌다는 것이다.

나 <u>스스로</u>가 이상적인 자기와 현실의 자기의 간극이 크고 그 슬픔을 바라보고 수용하기보다는 안 보려고 하고 이상적인 자기에 가까워지려는 노력만 하다 보니까 내담자의 슬픔도 함께할 수 없었다. 늘 이렇게 나의 어떤 부분을 상담에서 발견하게 된다.

나의 슬픔을 자꾸 피하지 않고 마주하고 싶다는 마음이 들었다. 도망가지 않고 슬픔을 맞이해주고 싶다. 충분히 슬퍼하고 난 뒤에 툭툭 털고 일어날 수 있겠지.

그래야 나의 내담자들의 슬픔에서도 도망가지 않을 수 있겠지. 그 어떤 감정이든 도망가지 않고 함께 있어 주고 수용해주는 상담자가 되고 싶다. 그러기 위해서는 우선 나에게 가장 수용적이어야겠다.

오늘도 오전에는 일하기 싫어서 멍 때리고 앉아 있었다. 계속 이러면 기분이 더 가라앉을 것 같아서 오후에는 15분 타이머를 맞춰두고 중요한 일 두 가지를 했다.

그리고 퇴근하니 기분이 가뿐했다. 해야 할 일을 해두는 것이 나의 정신 건강에 좋다는 것을 기억하자.

2024.07.05. 10번으로 등록한 수영 pt 마지막 날이었다. 예전보다 자유형이 훨씬 자연스럽고 쉬워져서 오래 할 수 있게 되었다. 물살 세기도 예전보다 세졌는데 잘 되는 것을 보니 실력이 늘긴 늘었다. 새로운 무언가를 배우면서 조금씩 배워나가는 것을 내가 어려워 한다는 것을 알게 되었다.

그냥 잘하고 싶고 잘하지 못하면 금방 하기 싫어진다. 처음 배울 때, 잘 못 하는 게 당연한 거고 조금씩 배워나가면서 잘하게 되는 기쁨이 있을 텐데 그 기쁨을 느끼기도 전에 하기 싫어진다. 그래서 수영 pt도 중간에 많이 미뤘다. ㅎㅎ 그래도 10번의 수업 후에 나아진 실력을 확인하니 재밌고 신났다. 물살을 가르며 앞으로 나아가는 감각이 행복했다.

그리고 지금 시원한 맥주와 나쵸를 먹으며 글을 쓰고 있는데 참 행복하다. 여름엔 맥주지!

어린이집을 마치고 어제 못 놀았던 만큼 오늘은 많이 놀기로 아이와 약속했었다. 그래서 다른 아이들이 다들 집으로 돌아간 후에도 계속 놀았다. 모래사장에 물을 부어서 웅덩이를 만들더니 급기야는 신발도 벗고 첨벙첨벙 노는 도윤이. 옷 다 젖겠다는 걱정이 되면서도 맘껏 노는 아이를 보니 나도 덩달아 행복했다. 실컷 놀게 해 줘서 기쁘다.

<u>2024.07.06.</u> 도윤이와 함께 숲속 놀이터가 있는 곳에 놀러 갔다. 커다란 팽나무에 그네가 달려있었는데 도윤이가 그 그네를 정말 신나게 탔다. 신나게 타는 모습을 보며 나도 함께 행복했다.

정말 푹푹 찌는 여름의 더위였지만 푸른 나무들이 만들어주는 그늘이 좋았다. 놀고 난 후에 먹었던 고기도 참 맛있었다. 구워서 나와 덥지도 않고 밑간이 적절하게 되어있어서 짭조름하고 맛있었다. 요즘 밥을 잘 안 먹던 도윤이도 잘 먹어서 더 좋았다. 도윤이가 일찍 잠들어서 소설을 읽을 수 있는 시간이 허락된 것도 행복하고 감사한 일이다. 제목이 마음에 들어서 도서관에서 빌린 양귀자 소설인데, 얼마 전 예지작가님 스토리에도 올라와 있어서 반가웠다. 까칠한 주인공의 태도와 문체가 마음에 든다. 오랜만의 소설, 재밌다.

💬 **댓글**

회고 모임 때 주원 님 이야기 못 들어서 아쉬웠어요. 저는 주원 님의 이야기를 너무 좋아하거든요. 이번 달 회고 모임에서는 꼭 만날 수 있길….

↳ 작가님~~ 저도 못 들어가서 아쉬웠어요. 7월 회고 모임에는 꼭 들어갈게요.

2024.07.09. 집단상담 2일 차.

첫 개인상담 시연에 가장 먼저 손을 들고 나갔다. 용기가 필요한 일이었지만 그만큼 절박함이 컸다. 계속되는 우울과 막에 쌓인 듯한 느낌에서 벗어나고 싶었다. 고민에서 벗어나 생생한 현재를 살고 싶었다.

리더님은 나의 미세한 프로세스를 읽어주면서 3~4살 아이가 아파서 엄마에게 말해야 하는데 혼날까 봐 잔뜩 주눅이 들어 아주 작은 목소리로 말하는 것 같다고 하셨다. 그 모습이 참 안쓰럽고 마음이 쓰인다고.

무언가 힘이 들 때, 힘들다고 말하면 더 열심히 해보지 않고 그러냐고 혼났던 경험들이 있다. 도움은 받지 못하고 잔소리만 더 들었던 경험들도 많다. 그 목소리들이 내사되어서 지금은 내가 나에게 매 순간 비난하고 있다.

스스로를 비난하는 것도 무언가 하고 있는 거라고 하셨다. 비록 자신을 힘들게 하는 일이지만 그것이 나를 움직이게 했던 방법이라서 익숙해서 계속하게 되는 거라고.

이런저런 이야기를 하고 숨이 크게 쉬어졌다. 그랬더니 일순간 마음이 시원해지고 평온해졌다. 내가 붙잡고 있던 생각에서 벗어나는 순간이었다. 순간 좋아지자 상담시연이 빨리 끝날까 봐 또 불안해졌다. 하지만 리더님은 그 좋음에 머물러 보자면서 지금 해보고 싶은 게 있으면 해보자고 나를 계속 현전에 초대해주셨다. 그래서 평안한 마음으로 창밖도 보고 에어컨 바람도 느껴보며 알아차림이 커진 것을 경험했다.

그 순간이 참 좋았다. 그러면서 다시 일상으로 돌아가면 이게 다 사라질 것 같은 걱정이 올라왔다. 걱정도 자연스러운 것이라며 인정해주고 알아차리고 놓을 수 있다고 해주셨다. 걱정이 앞문으로 나가서 뒷문으로 다시 들어온다고. 계속 알아차리고 놓으면 된다고. 돈오점수. 그리고 상담이 끝났다.

  다들 자기의 마음도 함께 따라왔다며 따뜻한 피드백을 해주셨다. 우리 모두의 상전을 다룰 수 있었다고. 그리고 상담 마치고 들어오는 내 표정이 마치 시부모님이 오셨다가 가셨을 때의 표정 같다고 했다. ㅋㅋ 시부모님은 오셨다가도 언제나 집으로 돌아가시는 존재이니 걱정도 그렇다는 얘기와 함께. 피드백을 들으며 내가 한 상담이 나 혼자에게만 좋은 게 아니라 다른 사람들에게도 도움이 많이 되었다는 것이 참 다행이고 좋았다. 그리고 다시 걱정과 생각에 붙잡히더라도 시부모님이 집으로 돌아가신다는 것을 아는 것처럼 다시 놓아버리고 현전할 수 있겠다는 자신감이 들었다.

  두 번째 시연에서는 선택이라는 단어가 와닿았다. 같은 경험에서 어떤 선택을 할 것인가. 지금까지 내가 했던 것들도 다 나의 선택이었구나. 앞으로 어떤 선택을 할 지 내가 결정할 수 있겠구나 싶었다. 계속 같은 구멍에 빠지지만 벗어나는 시간이 짧아지고 나중에는 구멍을 보고 빠지지 않을 수도 있고 아예 다른 길로 갈 수도 있겠다는 생각이 들었다.

  상담 시연 이후 막에서 벗어난 기분이 들었고 모든 것이 생생하게 느껴졌다. 살아있음을 느꼈다. 그리고 아주 오랜만에 무언갈 해보고 싶다는 생각이 들어서 참 반가웠다. 하고 싶은 게 없던 한 달 반이었다. 무슨 선택을 하든 괜찮은 느낌이었다. 즐거웠다. 저녁 먹고 산책한 시간도 좋았고 향기로운 칡 꽃의 향기를 알게 된 것도 좋았고 맨발 걷기로 산책한 것도 좋았다. 저녁 집단도 참 즐거웠고 룸메이트와 방에서 이야기한 시간도 재밌었다. 여러 풀벌레 소리와 개구리 소리를 들으며 누워있는 지금도 행복하다.

붙들고 있던 생각에서 벗어나면 현전할 수 있다. 지금-여기를 살아가는 이 생생한 행복. 기억하고 다시 생각에 붙들리더라도 돌아오자. 행복한 밤이다.

2024.07.11. 집단상담 4일 차.

일찍 잠이 깼다. 남양주 수동에 있어서 자연의 소리가 정말 잘 들린다. 여기저기서 닭 우는 소리, 뻐꾸기 소리, 새소리, 풀벌레 소리…. 참 좋다.

어제는 조별 상담실습과 슈퍼비전을 하는 날이어서 시간이 정말 빨리 지나갔다. 나도 상담자 역할과 내담자 역할 모두 했었다. 리더님이 슈퍼바이저로 들어오는 시간에 용기 내어 상담자 역할을 했다. 상담이 진행이 잘 안 되면 5분 만에도 리더님이 바로 개입하시기 때문에 긴장이 되었다. 그래도 지난번에 35분 모두 잘 마쳤던 경험을 믿고 시작했다. 이번에도 상담이 끝날 때까지 개입 없이 잘 마쳤다. 마지막에 내담자가 다시 힘없어지려고 할 때, 거기까지 하자고 말해주셨다.

내담자 프로세스를 잘 따라가면서 차분하고 안정되게 상담했고 잘했다고 말해주셨다. 대화 관계에서 내담자가 힘을 받아서 자신의 저력을 다시 발견하고 의지를 가질 수 있었다고. 그리고는 상담에는 여러 갈래의 길이 있다고 내가 갈 수 있었던 다양한 길을 설명해 주셨다. 내가 했던 개입에서 마무리하기 힘들었던 부분에 대해 질문하자 좋은 질문이라며 자세하게 설명해 주셔서 많은 공부가 되었다. 잘하려는 마음이 많을 때는 긴장도 높아지고 힘이 빡 들어가 더 스텝이 꼬이는데 이번에는 잘하려는 마음을 내려놓았더니 편안하게 할 수 있었다. 작가님이 자주 이야기하시는 '비장해지지 않기'가 참 중요하네.

  내가 내담자 역할이었을 때는 남편과의 관계를 주제로 진행했다. 나는 남편과 더 끈끈한 관계로 지내고 싶은데 혼자 하는 것이 익숙한 남편과의 관계에서 외로움과 단절감을 느낀다. 내가 그린 가정에 대한 이상향 그림이 있었는데 (정서 교류가 잘 되는 도란도란한 화목한 가정) 그 그림에 다가가지 못하는 슬픔도 있다. 나의 원가족은 표면적으로는 화목했지만 집에서 자유롭게 나의 정서 표현을 하지 못했었다. 기쁨이나 잘한 것은 표현해도 수용이 되었지만 슬픔, 분노, 괴로움은 표현해도 위로받기보다 비난받고 수용받지 못했다. 그런 나에게 그 그림은 참 소중했었고 많은 위안이 되었을 것 같다는 상담자의 말에 울컥해서 많이 울었다.

  한바탕 울고 나니 숨이 크게 쉬어지면서 내가 또 그림을 붙잡고 있느라 현실은 보지 못하고 슬픔에 빠져있었다는 것을 알아차렸다. 남편에게 이런 나의 마음을 이야기하면 같이 노력하자고 하면서 더 많은 것을 나누려고도 하는데 그런 현실은 보지 않았던 것이다. 그리고 원가족에 비하면 지금 남편과는 훨씬 더 많은 감정을 교류하고 위로하는 관계임을 깨달았다. 예전에는 소중했던 그림이지만 이제는 놓아주고 현실에서 남편과 아이와 '함께' 우리 가족의 문화를 만들어나가면 되겠다는 생각이 들자 마음이 가볍고 자신감이 생겼다.

  그리고는 저녁 시간 집단상담장에서 서로 즐거운 마음, 속상했던 마음, 부러운 마음 등을 자유롭게 이야기하고 서로 위로하고 때론 깔깔 웃는 것이 참 정겹게 느껴졌다. 내가 그리던 도란도란 화목한 가족의 그림이 바로 이거지! 내가 가족이 아닌 곳에서도 이런 경험을 할 수 있구나 싶어서 반갑고 좋았다. 꼭 늘 가족 안에서만 해야 하는 것은 아니네!

오늘은 또 어떤 만남들이 일어날지 참 기대된다. 게슈탈트 집단상담 너무 좋다. 생생하게 살아난 지금이 정말 좋다.

댓글
읽기만 해도 좋아요!!! 너무 귀한 경험일 것 같아요.
↳ 정말 귀한 경험했어요. 작가님도 기회가 되면 경험해보셔요!

2024.07.14. 집으로 돌아왔다. 집이 최고다. 하하하.

내가 좋아하는 샴푸, 트리트먼트, 샤워젤로 좋아하는 노래를 들으며 샤워를 하고 늘 사용하는 드라이기로 머리를 말리고…. 내가 좋아하는 이불과 베개가 있는 침대에서 조명을 켜두고 도윤이와 책 3권을 읽고 아이가 잠들기를 기다렸다가 침대에서 빠져나왔다.

나의 태블릿을 가지고 식탁에 앉아 시원한 에어컨 바람과 남편의 익숙한 마우스와 키보드 소리(그는 게임중 ㅋㅋ)를 들으며 글을 쓰는 지금 이 시간이 참말 좋다. 맨날 보는, 그래서 익숙한, 그래서 지루하기도 한, 소중함을 자주 망각하는 나의 일상이 이렇게나 안온하고 감사한 것임을 지금 이 순간 느끼고 있다.

오늘은 푹 잘 자고 일어나서 다시 생생하게 살아났다. 잠을 잘 못 자고 컨디션이 나빠지면 자책 지옥에서 빠져나올 힘이 없어서 그대로 갇히게 된다. 잠이 제일 중요하다! 과음하고 잠 못 자는 게 나에게는 최악임을 잊지 말자. 기억하고 내 몸과 마음을 지키자.

2024.07.15. 오랜만에 출근해서 일하니 재밌었다. 잠시의 떨어짐은 참 소중한 것 같다. 집단상담에서의 무용담을 재밌게 풀어내고 밀려있는 일들을 착착 해나갔다. 상담도 2개가 있었는데 평소보다 더 집중이 잘 되었다. 4시 여학생이 나가면서 나에게 안겼다. 선생님이랑 상담해서 너무 좋다고. 참 감사한 일이다. 그 아이 인생에 내가 조금이라도 위안과 힘이 될 수 있음에.

말을 많이 해서 오후에 조금 힘들었지만 힘들 때 잠시 쉬었더니 좋아졌다. 그리고 교수님께서 집중해서 경청하며 상담하면 그것 또한 수행이고 명상이라는 말씀이 기억났다. 현전하며 내담자의 말을 경청하는 시간이 참 좋았다.

엄마가 바리바리 싸준 반찬을 받아와서 맛있게 저녁을 먹었다. 저녁 먹고 치우는데 집단상담에서 만난 동네 선생님에게 전화가 왔다.

우리 아파트 단지에 왔으니 잠시 내려올 수 있냐고. 내려가 보니 맛있는 자두를 한아름 안겨주셨다. 시골에서 부모님이 많이 보내주셨다면서. 아. 감사해라. 이걸 전해주시려고 일부러 오시다니…. 인연에 감사하다. 감사함이 마음에 있으니 하루에 감사한 순간들이 참 많았다.

오늘도 잘 살아냈다. 푹 쉬고 내일도 새아침을 맞이하자.

💬 **댓글**
"집중해서 경청하며 상담하면 그것 또한 수행이고 명상" 정말 맞는 말 같아요!!

<u>2024.07.16.</u> 에너지가 많으니까 하고 싶은 일도 많고 다 하려는 욕심이 생긴다. 오전에 지능검사 교육 열심히 듣고 다 같이 점심 먹고 학사경고자 학생들 명단을 정리하니 바로 상담이었다.

원래 금요일 상담인 학생이 연락해서 힘이 들어서 상담을 앞당기고 싶다고 하여 오늘 만나게 되었다. 힘든 이야기를 하는데 마음이 아팠다. 마음을 많이 쓰고 나왔다. 그래도 상담 후에 한결 가벼워진 표정과 자신의 욕구와 감정을 표현하는 것이 가능한 모습을 봐서 마음이 좋았다.

힘든 상황이 앞으로도 계속될 거라는 생각을 하면 정말 벗어나기 힘들고 심한 무력감, 좌절감을 경험하게 된다. 그럴 때 이 어려움도 분명 끝이 있고, 붙잡고 있는 생각들을 놓아버리고 지금-여기로 돌아와야 함을 알려줄 수밖에 없다. 충분히 아파하고 그 시간을 함께 견디는 동안 알아차림을 통해 현전하는 것을 연습하는 것이 아주 중요하다. 현전하는 시간이 길어질 수록 우리는 자신을 괴롭히던 문제에서 벗어나 지혜로 살아갈 수 있게 된다.

영성이 어렵게 느껴지고 머리로만 이해했는데 이번 게슈탈트 집단상담을 통해 체험적으로 배울 수 있어서 이제는 조금 체득한 것 같다. 가야 할 방향이 보인다고 해야 할까. 내담자마다 속도와 경로가 다르겠지만 목적지는 같다고 생각된다.

우선 나부터 부단히 노력해 봐야지. 생각에 붙잡혀서 괴로워질 때, 호흡하고 감각에 집중하며 알아차리고 지금-여기로 돌아오는 것. 연습 연습 연습…. 돈오점수.

그런 의미에서 글을 쓰는 것이 참 많은 도움이 된다. 그리고 해바라기 멤버들의 글을 읽으며 함께 공감하고 삶을 대하는 태도를 배울 수 있는 것이 참 좋다. 정말 하길 잘했다.

2024.07.17. 수면제를 먹고 잤지만 4시에 깼다. 눈 감고 누워만 있어도 잠을 자는 것과 같은 효과가 있다고 해서 1시간을 더 누워있었다.

5시에 더 이상은 못 누워있겠어서 목욕을 했다. 목욕재계? ㅎㅎ 따뜻한 물로 목욕을 하고 나니 개운하고 나의 몸을 아껴준 것에 기분이 좋았다. 도윤이를 위해 당근을 넣은 계란말이를 만들어 두고 나를 위해 오이와 당근을 썰어서 야채 도시락을 준비했다. 출근 전에 학교 카페에서 동기 선생님들과 만나서 수다를 신나게 떨었고 9시에는 상담을 받았다.

상담 선생님에게 미안한 마음이 든다고 고백했다. 계속 의심하는 마음이 들어서 내 마음을 다 열지 못했음을 이번 집단상담에 가서 깨달았기 때문이다. 신뢰하지 못하는 마음에 대해 충분히 그럴 수 있다고 받아주셨다. 본인도 그러셨다고. 이런 이야기를 하면 실망하거나 내쳐질까 봐 이야기하기 힘들었는데 말하고 나니 내가 생각했던 것과는 다른 결과가 나오고 더 깊은 관계로 갈 수 있게 된 것 같다. 역시 솔직한 마음을 개방하면 좋은 만남이 이루어진다. 의심하는 마음을 바라봐주고 지나갈 수 있게 해줘야겠다.

점심에는 센터장님과 함께 맛있는 피자와 파스타를 먹었다. 사과와 꿀, 고르곤졸라 치즈, 루꼴라가 들어간 피자가 정말 맛있었다. 맛있게 먹고 옆의 카페로 가서 회의를 했다. 즐겁고 좋았지만 회의가 1시간이 넘어가자 힘들어졌다. 새벽부터 일어나서 에너지를 많이 썼더니 눈도 따갑고 머리고 후끈후끈했다. 그래도 1시간을 더 버티고 3시에 회의가 끝났다. 장하다.

지쳐 있을 때 나를 쉬게 하는 방법을 이제는 안다. 아무것도 하지 않고 편안한 노래를 틀어두고 부드러운 담요를 베개 삼아 책상에 잠시 엎드려서 쉬었다. 노래가 3곡 정도 지나가고 나니 눈이 떠졌다. 10분 정도의 시간이지만 이런 쉼이 나에게는 정말 필요하다. 그리고 양치하고 난 뒤 밖에 나가서 캠퍼스를 한 바퀴 돌았다. 바람도 좋고 예쁜 꽃들도 만나서 좋았다. 그렇게 아무것도 하지 않는 시간을 보내고 쉬었더니 다시 일할 수 있었다. 그 무엇보다 나를 먼저 생각할 것.

저녁으로 두부와 떡갈비를 굽고 야채와 함께 건강한 식사를 했다. 밥 먹고 도윤이가 좋아하는 '파이팅 해야지' 노래를 들으며 다 함께 춤을 췄다. 음악이 흐르면 빠르게 추다가 음악이 멈추면 천천히 추는 게 규칙이다. 도윤이가 어린이집에서 배워왔는지 먼저 제안했다. 놀이도 먼저 제안하고 많이 컸다.

요즘 내 마음이 편하고 여유가 있어서 그런지 도윤이의 행동들이 문제시 되지 않는다. '그럴 수 있지'라는 생각이 더 많이 들어서 내 마음도 편하고 도윤이를 불안한 눈빛으로 바라보는 것을 멈출 수 있게 되었다. 건강하게만 자라면 좋겠다고 생각하면서도 여러 면에서 내가 바라는 도윤이의 모습이 있었음을 알게 되었다. 그 그림에서 벗어날 때마다 내가 잘못 키운 것 같아서 자책하고 도윤이를 문제시했었다. 같은 행동이라도 나의 마음 상태에 따라 받아들이는 것이 다르다는 것이 여실히 드러나서 신기했다.

아, 역시 육아에서도 중요한 것은 나의 마음이구나. 나의 마음을 잘 돌보고 고요한 상태로 있을 수 있어야 도윤이에게도 선입견 없이 있는 그대로의 모습을 사랑해줄 수 있겠구나. 나를 충분히 사랑하고 아껴주는 마음이 생겨나서 그 마음이 자연스럽게 내 밖으로 흘러넘치게 하고 싶다. 사랑해, 주원아. (오글거리지만 용기내서 시도!)

2024.07.18. 비가 억수같이 퍼붓는 모습을 고요하게 바라보는 시간이 참 평온하고 행복했다. 오전에 에너지를 많이 써서 점심 먹고 난 뒤부터는 힘이 안 났다. 그때 자책을 많이 하게 되는데 오늘은 그러지 않고 나를 보살펴주는 선택을 했다. 따뜻한 차를 마시고 좋아하는 음악을 듣고 천천히 움직였다. 허기질 때는 과자 대신 신선한 야채를 먹으니 입안과 몸이 정화되는 느낌마저 들었다. 먹구름이 잔뜩 낀 하늘을 멍하니 올려다보는 시간도 좋았다. 끊임없이 변하는 구름을 보며 고정불변한 것은 없구나 하고 생각했다. 평온한 하루였다.

댓글

자책하는 대신 나를 보살피는 시간 참 중요한 것 같아요. 저도 오늘을 돌아보니 '저를 보살필 시간'이 필요했던 날이었더라구요. 내일은 조금이라도 스스로가 저를 돌보는 시간을 가져봐야겠어요!

　↳ 우리 서로 스스로를 보살펴 주며 살아요.

과자 대신 신선한 야채 너무 좋네요. 몸에도 마음에도 나에게 좋은 것들을 스스로 주기.

　↳ 네, 몸에도 마음에도 나에게 좋은 것들을 스스로 주기. 기억할게요. ^^

2024.07.19. 어제부터 먹고 싶었던 황태구이를 점심에 먹어서 참 행복했다. 먹고 싶은 음식이 생기면 먹을 때까지 계속 생각나는 나이기에 바로 그 욕구를 충족시켜 주어 더 좋았다. 경조증 기간이 되면서 식사량이 확 줄어들었다. 조금만 먹어도 배가 부르고 더 먹고 싶지가 않다. 대신 배가 자주 고프다. 그래서 야채 도시락을 싸가서 중간에 먹는데 아삭아삭한 야채를 먹으니 신선한 기분이 들어 참 좋다. 건강을 잘 챙기자! 공개사례 발표 시간도 참 좋았다. 상담자로 함께 성장해 나가는 동료들이 있어서 든든하다. 배움과 감동이 함께 있는 시간이었다.

에너지 배분을 그럭저럭 잘했다. 그래도 배가 고파지니 아이와 함께 떡볶이를 사러 가는 길은 짜증이 많이 났다. 계속 차를 보고 서 있으려는 아이를 데리고 떡볶이를 사러 가는 일이 쉬운 일은 아니었다. ㅎㅎ 그래도 잘 구슬려서 무사히 떡볶이와 순대를 사 와서 시원한 맥주 한잔과 함께 일주일의 피곤을 날렸다. 한 주를 잘 살아낸 우리 가족 장하다! 다 함께 짠~을 했다. 밥 먹고 나니 너무 졸려서 아이와 놀면서도 눈을 감고 있는 나를 본 남편이 30분이라도 자고 나오라고 했다. 그래서 잠시 잤는데 참 달게 잤다. 자고 일어나서 목욕하고 나온 아이 옷 입히고 아이가 영상 보는 동안 나는 글을 쓰고 있다. 이 시간이 참 좋다. 오늘 하루도 알차게 잘 살았네. 수고했어.

2024.07.21. 일찍 잠에서 깨어 스트레칭을 하고 맨발 산책을 나섰다. 밤사이 비가 내렸는지 흙이 촉촉해서 촉감이 더 좋았다. 진흙탕도 있었는데 피해 가지 않고 밟으니 부드러운 진흙이 발가락 사이로 올라오는 느낌이 좋았다. 어린아이처럼 진흙탕에서 재밌게 놀았다. 아주 커다란 나무를 안아보니 자연에 기댄 느낌이 참 좋았다. 의지가 되는 느낌. 거대한 자연이 나를 보호해 주는 느낌이었다. 다양한 새소리를 들으며 즐긴 새벽 맨발 산책 시간이 참 고요하고 행복했다.

오전에는 호수공원에 놀러 가서 셋이서 공놀이를 했다. 시원한 바람이 불고 흐린 날이라 그늘에서 할 수 있어서 좋았다. 공 하나로 깔깔거리며 웃을 수 있다는 게 신기했다. 내가 잊고 있었던 행복과 재미를 아이를 키우면서 다시 경험한다. 참 귀한 경험이다.

한참을 놀다가 엄마 집에 가서 맛있는 점심을 먹고 시누이 집에도 다녀왔다. 조카와 잘 노는 아이를 보면서 부쩍 컸음을 다시 한번 느꼈다. 집으로 돌아오는 차 안에서 각양각색의 예쁜 구름을 보며 평온한 시간을 보냈다. 바쁜 하루였지만 순간순간 고요함을 느낀 하루였다.

2024.07.22. 새벽 맨발 산책을 오늘도 다녀왔다. 어제보다 진흙탕이 줄어들었지만 여전히 있었고 재밌게 즐겼다. 오고 가는 사람들의 얼굴도 익숙해져 혼자 반가워했다. 아침으로 나는 샐러드, 아이는 계란말이를 챙겨 먹고 하루를 시작했다. 기분이 매우 좋은 월요일 아침이었다.

선임 선생님이 출장을 가셔서 오전에 동료 선생님과 수다 타임을 가졌다(ㅎㅎ). 너무 신나게 이야기해서인지 점심을 먹고 나니 급 피곤해졌다. 역시 좋은 일에도 치러야 할 대가가 있네.

의사 선생님과의 상담에서 현재 직장의 소중함을 알게 되었다. 특히 나처럼 오르락 내리락이 있는 상황에서 안정적인 수입이 보장되는 직장이 있다는 것이 얼마나 감사한 일인지 확실히 알게 되었다. 좋은 것을 충분히 누리자. 좋은 것을 충분히 누리면 안주하게 되고 안주하면 망하게 될까 봐 충분히 누리지 못한다. 그러니 늘 불안할 수밖에. 좋은 것을 충분히 누리는 것도 연습이 필요할 것 같다.

저녁 먹고는 아이 영어 체험 수업이 있었다. 선생님이 하시는 영어를 알아듣고 대답하는 아이가 대견했다. 높은 텐션으로 아이와 놀며 영어하는 선생님도 대단하셨고! 저녁 먹고 많이 피곤했는데 아이를 재우면서 한숨 자고 일어났더니 개운하다. 기록을 끝내고 마저 단잠을 자야지!

#나에게 줄 수 있는 좋은 것

작가님의 이 질문을 보았을 때, 꼭 적고 싶었다.
내가 나에게 줄 수 있는 좋은 것이 뭐가 있을까?

- 산책

산책을 참 좋아하는 나. 새벽의 맨발 산책도 좋고 점심시간의 캠퍼스 산책도 좋고 저녁과 주말에 호수공원 산책도 좋다. 걸으면 잡다한 생각도 날아가고 계절의 변화도 오롯이 느낄 수 있어서 좋다. 계절마다 피고 지는 꽃을 보는 것은 나의 큰 즐거움이다.

- 마음이 통하는 사람들과의 교류(소통)

남편, 동생들, 직장 동료들, 상담 공부를 같이 한 언니들, 내 친구들과의 소통은 나를 행복하게 한다. 마음이 통할 때 느끼는 따뜻함과 충만감이 좋다.

- 건강한 음식

맛있는 것을 좋아했던 20대 때와는 달리 요즘은 건강한 음식을 먹으려 노력하고 있다. 우리 몸속의 독소 90%가 먹는 것에서 온다는 말을 들은 이후로 노력하고 있다. 과자도 정말 좋아하는데 간식으로 채소를 먹으려고 하고 배달음식보다 차려 먹으려고 한다.

- 좋은 음악

음악 듣는 것을 좋아한다. 상황과 계절에 어울리는 음악을 틀어두면 참 좋다. 나에게 줄 수 있는 선물이다.

- 독서

새로운 세계에 흠뻑 빠질 수 있는 소설책, 타인의 생각에서 배울 수 있는 에세이집, 감성이 충만해지는 시집… 가리지 않고 다 좋아한다. 책도 나에게 줄 수 있는 선물이다.

- 글쓰기

나에게 일어난 일들과 감정을 글로 쓰는 일은 내가 참 좋아하는 일이다. 그걸 함께하는 해바라기 멤버가 있다는 것도 정말 좋다.

2024.07.23. 오늘도 다녀온 새벽 맨발 걷기가 좋았다. '너는 사랑이야'를 챈팅 하면서 걸었다. 나의 나무로 정한 도토리나무를 안고 서 있기도 하고 윗몸일으키기도 했다(7개나! 처음엔 3개 밖에 못했었다). 다양한 새소리와 함께 발에서 느껴지는 시원한 감각이 나를 깨워주었다. 맨발 걷기 정말 좋아. 행복해.

아침으로 건강하게 두부 샐러드를 챙겨 먹고 아이와 함께 등원했다. 우리의 루틴인 마트에서 차 구경을 하고 학교 카페에 가서 동기 선생님과 만나 커피 한잔과 망고 주스를 마셨다. 어딜 가나 귀여움받는 아이. 참 감사한 일이다.

일도 열심히 하고 에너지를 꽤 잘 배분해서 사용했다. 5시에는 같이 일하는 동료들과 함께 행복 콜라주 작업을 했다. 이번 콜라주에도 쉬는 소파와 자연이 주를 이루었다. 쉼과 자연이 나의 행복의 큰 부분이네.

하원 후 아이와 노는데 비가 내리기 시작했다. 그래서 빨리 차에 타자고 해도 장난만 치고 가지 않았다. 안고 간다고 하면 자기가 걸어서 가겠다고 악을 써서 내려주면 다시 도망가기를 반복. 결국 내가 안고 차에 태웠는데 난리가 났다. 집에 오는 25분 동안 악을 쓰며 울면서 어린이집으로 다시 돌아가자고 했다. 자기가 걸어서 차에 타겠다고… 귀가 떨어져 나가는 것 같았다. 짜증도 많이 났다. 평소에 떼를 별로 쓰지 않는 아이라 더 당황스러웠다. 그래도 집에 도착할 즈음에 극적으로 괜찮아졌다. 속상한 마음이 든다며 안아달라는 아이. 주차를 하고 꼬옥 안아주었다. 비를 좀 맞더라도 아이가 걸어서 탈 수 있게 기다려줬어야 했나? 육아는 정답이 없어서 참 힘든 것 같다. 저녁 먹고 녹다운되었다가 잠시 자고 일어나서 괜찮아졌다. 다시 아이와 함께 단잠을 자야지.

<u>**2024.07.24.**</u> 졸리다. 다시 잠이 많아지려나 걱정된다. 자고 일어나 보면 알겠지. 일단 자자.

오늘 하늘 정말 예뻤다.

댓글

우리 해바라기 친구들은 글도 잘 쓰고, 사진도 잘 찍고…. 푹 자고 내일은 더더 주원 님에게 다정한 날이 되길 바라요.
↳ 고마워요, 00 님. 푹 자고 일어나니 기운이 나요. 00 님도 오늘 다정한 하루 보내세요.

2024.07.26. 어제의 하루 기록.

새벽 맨발 걷기를 며칠째 하고 있는데 참말 좋다. '너는 사랑이야'를 챈팅하면서 걷는데 온 우주와 자연이 나에게 사랑한다고 말해주는 느낌이라 든든하고 좋았다. 너는 우주고 자연이고 사랑 그 자체라고 말해주는 것 같았다.

아주 크고 곧은 상수리나무를 안고 기대어 있을 때도 든든하고 좋다. 자연에 의지하는 느낌. 나 혼자만의 힘이 아니라도, 내가 생각하는 파국적 결말처럼 모두에게 버림받더라도 자연만은 마지막까지 나를 지켜줄 것이라는 든든함.

걷고 난 뒤 따뜻한 물에 하는 샤워도 참말 좋다. 개운하고 시원하다. 림프 마사지를 해주는데 몸의 막힌 흐름을 뚫어주는 것 같아서 좋다.

간단한 아침을 챙겨 먹고 출근해서 상담을 받았다. 나의 무의식에 대해 한발 다가가는 시간이어서 좋았다. 이건 다른 기록으로 남겨둬야겠다.

점심으로 먹은 탕수육과 간짜장, 볶음밥, 드립 커피가 맛있어서 행복했다. 병천 순대 거리에 촬영하러 온 풍자를 본 것도 재밌었다.

점심을 먹고 잠깐 잔 잠도 참 달았다. 잠시 자고 나서 다시 일을 힘 있게 할 수 있었다(우리나라에도 씨에스타가 있으면 좋겠다. ㅎㅎ).

『나는 소망한다 내게 금지된 것을』 양귀자 소설을 끝까지 읽었다. 지인은 주인공의 말투때문에 항마력이 부족해서 읽기 힘들다고 했지만 나는 매력적으로 느껴져 정말 재밌게 읽었다. 고고하고 가끔은 거만하기까지 한 그녀의 태도와 말투에 대리만족을 한 것 같다. 90년대에 페미니즘을 불러일으킨 소설이라더니 과연 그럴만했다. 나는 페미니즘을 잘 알지 못하지만 관심이 있다. 하지만 관심이 있다고 말하는 것 조차 조심스러운 나를 늘 발견한다. 심지어 남편에게도. 남편이 '페미니즘, 그거 나쁜 거 아니야?'라고 말했을 때, 그런 거 아니라고만 말하고 제대로 설명을 못 했다. 제대로 알아야 설명도 비판도 가능할 테니 공부할 필요가 있다고 생각된다.

 저녁으로는 엄마가 챙겨주신 정성 어린 반찬을 배불리 먹고 10시가 되기 전에 잠들었다. 행복한 하루였다.

댓글
자연,샤워,마사지,상담. 단어들을 나열하기만 해도 너무너무 좋은 기분이 들어요. 저는 주원 님이 참말 좋아유~~~~~

  ↳ 저도 OO 님이 참말 좋아유~~~♥

2024.07.29. 잠이 많아지더니 역시나 우울이 찾아왔다. 기운이 없고 자꾸만 자고 싶다.

 그래도 출근을 하고 할 일을 조금이나마 했다. 그래야 내가 더 좋다는 것을 이제는 안다. 내일은 맨발 걷기를 나가봐야겠다. 내가 좋아하던 것을 해주면 하루의 시작이 더 좋지 않을까. 오늘 하루도 수고했다!

댓글
스스로가 좋아하는 것을 알고 그것을 한다는 건 나를 아끼는 시간 같아요. 주원 님 오늘 하루의 시작이 조금은 더 좋으셨을까요? 시작이 좋지 않더라도 잠들기 전 주원 님이 좋아하시는 것 하나 하고 잠드는, 나를 좀 더 아껴주는 밤이길 바라봅니다.

<u>2024.08.06.</u> 모래알 세 알을 덜어낸다는 심정으로 글을 써본다.

한 알. 오늘도 한 시간 휴가를 쓰고 차에서 한 시간 자고 출근했다. 아침 시간이 유독 힘들다.

두 알. 종합심리검사를 하는 게 부담이 되어서 미루고 싶었지만 준비해서 잘 끝냈다. 미루지 않고 잘 마칠 수 있어서 기뻤다.

세 알. 저녁까지 잘 먹고 아이와 신나게 배게 싸움하고 놀았다. 즐거웠다.

하루종일 잠에 빠져있는 날보다 뭐라도 해낸 날 저녁이 더 힘이 난다는 것을 기억하자.

댓글

맞아요 맞아요. 뭐라도 한 날, 해낸 날이 더 힘이 난다는 것! 너무 공감해요~~
'잠이라도 푹 자기'를 목표로 두기. 숨 잘 쉬기를 목표로 두기!!

<u>2024.08.13.</u> 계속 시간을 흘려보내고 아무것도 와닿지 않는 나날을 보내다가 오늘 문득, 내가 이렇게 살 필요가 있나? 이유가 있나? 싶은 생각이 들었다. 너무 우울하고 무기력한 것과는 좀 다른 결의 나날이었다. '이렇게 살고 싶지 않다' 생각이 들었고 좀 더 적극적으로 움직였다. 그러니 더 에너지가 났고 도윤이를 재우고 나서도 잠들지 않고 글을 쓰게 된다. 내가 선택하는 것인데 안 좋은 것을 선택할 필요가 있을까. 그런데 경조증 뒤에 훅 떨어져서 잠만 올 때는 선택이라는 생각이 잘 안 든다. 에너지 당겨 쓴 만큼 갚아야 해서 속수무책으로 잠이 온다.

오늘 이런 생각도 드는 걸 보면 몇 주 동안 자면서 에너지 충전해서 가능한 것 같다. 선택을 못 하겠을 때는 어쩔 수 없더라도 선택할 수 있을 때는 내가 좋아하고 원하는 것을 선택하자. 나에게 물어보자.

"어떻게 살고 싶어?"

"나를 가장 사랑하고 아껴주면서 그 힘으로 주변에 사랑을 나누며 살고 싶어. 사소한 것에도 감사하며 지금-여기를 충만하게 느끼며 살고 싶어. 나를 괴롭히는 생각에서 빠져나와 사람들과 연결되어 살고 싶어."

좋아. 오늘부터 이렇게 살자!

댓글

좋아! 저도 바로 지금, 그렇게 살래요!
ㄴ 다정한 OO 님, 마음 나눠주셔서 항상 고마워요.

주원 님에게 절절한 고백을 들은 느낌! 지금-여기를 충만하게 느끼며 살고 싶다…. 저도 늘 생각하지만 잘 그러지 못하거든요! 지금 가진 것들을 충분히 느끼고 감사하며 살아야겠어요! 진심 어린 글 정말 감사해요.

2024.08.15. 기록할 수 있는 시간이 생겼는데 무엇을 남겨야 할지 잘 모르겠다. 키즈카페에서 남편과 교대로 아이를 따라다니고 있다. 아이 때문에 통잠을 자지 못하는 해바라기 친구들 글을 보며 통잠을 잘 수 있는 나의 상황이 얼마나 감사한지 느껴진다. 도윤이가 어릴 때, 나도 통잠이 너무 그리웠지. 그런데 지나고 나니 다 까먹고 현재에 감사함을 느끼지 못하고 있었다.

복용하는 약 때문에 임신을 하기 어렵다. 전에 모르고 임신이 되었을 때 뒤늦게 그 약이 태아에 해로운 약임을 알게 되었고 긴 고민 끝에 수술을 하게 되었다. 그 뒤부터는 갓난아이나 4인 가족을 보면 뭔가 너무 부러웠다. 내가 가질 수 없는 것을 부러워하는 마음으로. 그런데 약뿐만이 아니라 갓난아이를 키워내는 온전히 육아에만 전념하는 시간을 보내는 것에 대한 두려움도 있어서 둘째를 생각하기가 어렵다.

어쩌다 이야기가 이렇게 흘러갔네. 현실적인 이유들로 둘째를 가지기 어렵다는 것을 알면서도 부러운 마음이 자꾸 든다. 어려움을 감당하기는 싫고 좋은 점만 부러운 이 마음. 이런 마음을 계속 가지고 있으면 나만 괴롭겠지. 부러우면 '아 부럽구나' 하고 넘어갈 수 있으면 좋겠다. 마음의 방향을 그렇게 해봐야지. 내가 선택한 일이니까.

댓글

맞아요, 주원 님. 뭘 쓰지 싶어서 안 쓰는 날도 있는데, '뭘 쓰지? 그냥 뭐라도 써보자' 하는 날에는 생각하지도 않았던 이야기가 술술 나오더라구요.

맞아요, 주원 님. 둘째는 정말 너무너무 예뻐죽겠는데 정말정말 몸도 마음도 고단해요. 피곤해 죽을 것 같고. 나는 대체 언제 통잠을 자나 싶고. 저는 5시간 연달아 못 잔 지 지금 벌써 횟수로만 4년째인데. 이제 진짜 한계에 부딪히는 것 같아요. 주원 님 안에 답이 다 있네요. 어려움을 감당하기는 싫고, 좋은 점만 부러운 마음. 그 마음을 계속 가지고 있다면 주원 님만 괴로울 거라는 거 어렵겠지만 또 그렇게 흘려보내면서 사는 거겠죠.

<u>2024.08.21.</u> 오늘은 비가 많이 왔다. 미뤄두었던 일들도 끝냈다. 계속 귀찮다는 생각이 들 때마다 생각에서 빠져나와 지금-여기를 느끼려 했었다. 잘했다.

2024.08.27. 오늘은 바람이 다르단 걸 확실히 느낄 수 있었다. 퇴근하는데 시원한 바람이 불었다. 아, 진짜 여름이 끝나 가는구나. 미뤄두었던 일들을 마치고 퇴근하니 개운하고 좋았다. 하지는 않고 보유한 채 무겁기만 한 일들이 많다. 가벼울 때 처리하는 방법을 연습해보고 싶다.

8월은 기운이 없고 자고만 싶었다. 그래도 그 와중에 많은 일이 있었고 삶은 계속됐다. 기록을 많이 하지 못한 것은 아쉽다. 짧게라도 기록하는 습관을 들여보자.

육아휴직이었던 동료 선생님이 복직했는데 일을 너무 잘해서 나와 비교하며 괴로워했다. 그러다 비교하며 위축되는 것보다 좋은 영향을 받는 쪽을 선택하기로 하니 훨씬 좋았다. 나에게 좋은 선택을 하자. 같은 상황이라도 선택을 통해 다른 결과를 가져올 수 있다.

2024.08.31. 회고 모임 들어가길 정말 잘 했다.

동생 집에 놀러 왔고 도윤이가 자지 않았지만 그냥 들어갔다. 할 수 있는 만큼만 하려고.

그랬다가 만나게 된 멋진 문장들. 매듭과 그물 이야기가 참 와닿았다. 성기면 성긴 대로 촘촘하면 촘촘한 대로 내 안의 것을 건져낸다. 그리고 기록을 통해 또 한 칸을 채운다. 내 안의 날것들을 건져내고 널어서 펼쳐놓고 함께 보며 이야기 나누는 것. 얼마나 좋은 일인가. 그걸 함께할 친구들이 있다는 것도 참 감사한 일이다.

돌아갈 곳이 있다는 말도 많이 와닿았다. 지치고 힘들 때 그냥 인스타를 하거나 인터넷 기사를 보는 시간 대신 밴드에 들어가면 마음이 촉촉해지고 나와 다시 연결되는 경험을 했었다. 물론 상태가 메롱일 때는 글을 쓴 사람들이 부러워서 비교하는 마음에 더 못 들어간 날도 있었지만.

손가락 사이로 스르르 흘러가는 모래처럼 아쉽기만 했던 올여름을 오늘 회고 모임을 통해 매듭을 짓고 잘 떠나보내는 기분이다. 여름아 안녕. 내년에 다시 만나. 그리고 가을아 안녕. 잘 부탁해.

기록의 가을 ─ 바람

기록의 가을 바람

2024.09.01.

9월의 첫날. 정말 바쁘게 보냈다.

5시 기상

6시 아침 산책

8시 아침

11시 백화점 쇼핑

2시 운전 2시간

5시 아이 저녁

7시 마사지

9시 단골 바에서 위스키 두 잔

무슨 48시간 산 사람 같네. 이렇게 지내면 너무 뿌듯하고 좋다. 경조증이 다시 왔다. 우울의 기간이 끝나갈 때쯤 이대로 살고 싶다고 생각할 때쯤, 경조증이 온다. 기분이 좋다. 아이디어도 샘 솟는다. 못할 일이 없을 것 같다. 그래도 얼마나 다행인가. 돈이 없어서 흥청망청 쓰지 못하고 넘쳐나는 에너지를 열심히 일하는데 쓰는 게! 참으로 건설적이고 기능적인 경조증이다. 의

사 선생님도 인정하신 부분 ㅋㅋ

  이번에 또 경조증의 하루하루를 까득까득 채우려고 하겠지. 속도 조절을 하려고 해도 전속력으로 달리겠지. 채웠으면 비워야하듯 또 우울증이 오겠지. 어쩔 수 없다. 이게 지금의 상황인 걸. 받아들일 수 밖에. 수용할 수 밖에. 나의 최선을 다 할 수 밖에. 오직 그거 뿐이다.

  사랑받으려고 하지 말고 사랑하자! 어제의 작가님 말씀. 너무 좋다. 되뇌고 곱씹고 곱씹어서 실천해야지.

댓글

단골 바에서 위스키 두 잔! 너무 행복했던 시간이었을 것 같아요! 바쁘게 보낸 오늘 하루 고생 많으셨습니다, 주원 님!

    ↳ 정말 행복한 시간이었어요. 자유부인이라 더욱더! ㅋㅋ 00 님의 하루도 고생 많으셨어요.

2024.09.02. 개강 첫날! 학교에 학생들이 와글와글한 것을 보니 개강이 실감났다. 아침에 일찍 깨서 남편 아침도 챙겨주었다. 대견해! 도윤이가 엄마 사무실에 가보고 싶다고 해서 사무실 구경하고 숨바꼭질도 하고 등원했다. 꼭 걸어서 가겠다고 해서 시작했는데 아니나 다를까 출발한 지 2분도 안 됐는데 힘들단다. ㅎㅎ 그럼 업자! 도윤이를 업고 언덕배기를 걸어 올라가서 등원 성공! 나는 땀으로 범벅. ㅋㅋ

오랜만에 이런 텐션이라 일하는 시간이 참 신났다. 그래도 중간중간 의식적으로 쉬어주려고 타이머를 맞춰두고 일부러 천천히 행동하고 생각도 천천히 했다. 경주마처럼 달려나가고 싶은 마음도 들지만, 예전만큼 강력하지는 않다. 그렇게 달리다가 또 같은 구멍에 빠져 고꾸라지는 것을 너무 잘 아니까.

오늘은 의사선생님과 상담을 하는 날이었다. 5년째 만나고 있는 나의 선생님. 너무 무기력할 때는 상담하면서 내가 졸기도 하고 매번 같은 패턴으로 힘들다고 하고 나아지는 게 없다는 말도 하는 나를 묵묵히 견디고 버텨주시면서 내 생각 속 지옥에 빠지지 않고 현실을 볼 수 있게 해주시는 분. 그래서 감사하다고 이야기하는데 나도 모르게 왈칵 눈물이 났다. 너무 감사해서. 선생님도 같이 우셨다. 진한 연결감을 느꼈다. 선생님께서 증상에 대한 이해가 깊어지면 힘들지 않다고, 주원 씨도 경력이 더 쌓이면 가능할 거라고 말씀하셨다. 고통을 겪고 이겨낸 사람만이 할 수 있는 일이 있다고, 지금의 경험이 내가 만나게 될 수 많은 내담자들에게 도움이 될 거라고도 하셨다. 감사하고 감사하다. 선생님이 버텨주신 덕분에 오늘까지 살아올 수 있었다. 나도 누군가에게 그런 사람이 되어주고 싶다. 그러려면 가장 먼저 나를 아끼는 것! 무리하지 말고 방치하지 말고 나를 잘 돌보며 살아가자 주원아. 오늘 하루도 고생했어. 꿀잠 자자.

2024.09.03. 오늘 하루는 마치 48시간인 것처럼 바빴다. 센터 운영위원회의도 하고 내일 있을 행사도 준비하고 사례회의도 하고 진로상담사 회의도 하고 회식까지 헉헉!! 바쁜 하루, 하지만 그래서 너무 흡족한 내 마음.

이렇게 에너지를 많이 쓰면 금방 고꾸라진다는 것을 알면서도 속도를 조절하기가 힘들다. 달릴 수 있을 때 달리고 싶다. 경주마인데 뒤에 모래주머니를 달아놔서 잘 못 달리는 그런 느낌이다. 너무 답답하다. 우울할 때 못 한 만큼 달릴 수 있을 때 전속력으로 달리고 싶다. 아! 진짜 달리고 싶다. 달리고 싶은 마음을 알아주되 나를 잘 보살펴야지. 무리하지 말고 방치하지 말고 나를 아껴주기. 기억하자.

2024.09.04. 오늘도 역시나 바빴던 하루. 오늘인 줄 알았던 홍보 행사가 다음 주여서 당황스러웠다. 그래도 미리 준비했으니 다음 주에 편하겠지. 좋은 방향으로!

학생 멘토링에 대해 너무 큰 부담이었는데 오늘 선임 선생님과 이야기하며 부담이 덜어졌다. 내 역할을 넘어서는 일을 내가 또 짊어지고 있었구나. 어제 잠 안 올 때 생각한 행복 멘토링 아이디어를 다들 좋다고 해서 기뻤다. 재밌게 해볼 수 있을 것 같다. 뭐라도 일단 시작해보자!

저녁은 양꼬치에 가지튀김 그리고 시원한 맥주! 캬. 여름의 맥주는 정말 너무 꿀맛이다. 아, 가을인가. 그럼 언제나 꿀맛인 걸로 ㅎㅎ

도윤이가 계속 집에 안 가려고 해서 돌아오는 길이 좀 힘들었지만 집으로 와서 샤워하고 글을 쓰는 지금 참 행복하다. 오늘 하루도 잘 살아낸 나, 잘했어!

2024.09.05. 게슈탈트 공부 모임이 시작되었다. 매주 하는 것이라 부담이 되었지만 꼭 하고 싶어서 무리했다. 그래, 역시나 좋았다. 하길 잘했다. 함께 공부하는 도반이 생겨서 든든하고 좋았다. 기록의 가을 멤버들이 있어서 좋은 것 처럼.

오늘도 바쁘게 살았다. 그게 참 만족스럽다. 이럴수록 중독이 끝나지 않고 몸은 축나는데…. 그래도 내 몸을 아끼는 노력을 많이 한 하루였다. 말과 행동을 천천히 하고 힘들 때는 밖에 나가 걷고 들어왔다. 몸에 좋은 야채 간식을 챙겨 먹고 물을 자주 마셨다. 스트레칭도 틈틈이 하고 사무실에 가득 핀 나팔꽃 구경도 했다. 식물(자연)을 보고 있으면 마음이 편안하고 그 넘치는 생명력에 경의를 표하게 된다. 여름 멤버의 능소화 글이 생각나네. 기어이 피어나고야 말지.

죽은 나무 화분에 나팔꽃 씨를 심었더니 싹이 터서 혼자 피고 지고를 2년째 하고 있다. 늘 땅에만 있더니 이번에는 나무를 타고 올라가서 죽은 나무가 살아있는 나무로 보일 정도이다. 블라인드 줄을 타고 올라가는 아이는 하루가 다르게 쑥쑥 높아져서 잭과 콩나무냐며 신기해했다.

🗨 **댓글**

주원 님의 글을 보며 저도 아이의 말을 기록해봐야지 생각했어요! 무얼 쓸까 고민하던 차였는데…. 주원 님의 글에 주원 님만의 행복이 가득해서 좋아요.
 ↳ 저의 행복을 발견해주셔서 감사해요. 보물 같은 아이의 말을 우리 잘 기록해봐요.

으 공부 모임이라니~~~~ 그 모임에서 나누는 인사이트도 기록해 주세요. 조르기 조르기
 ↳ 네! 인사이트 나눌게용.

2024.09.06. 늦은 여름 휴가 1일 차. 흐렸던 날씨가 부산에 도착하자 해가 난다. 좋다. 기장 아난티는 이번이 세 번째인데 올 때마다 감탄한다. 오랜만에 보는 바다와 짭쪼롬한 바다 내음이 내 마음을 살랑거리게 만든다.

2024.09.08. 2박 3일의 휴가가 끝났다. 아무리 좋은 여행이었어도 집에 돌아오면 '역시 집이 최고지' 이런 마음이 든다. 오늘 체크아웃 전에 혼자 수영하러 다녀왔다. 엔드리스풀에서 배우고서는 레일에서 해본 적이 없어서 궁금했는데 직접 해보니 실력이 많이 느는 것이 느껴져 뿌듯했다. 38m를 8번 왔다 갔다 했다. 그랬더니 종아리와 허벅지에 근육통이 느껴지는데 그 느낌이 나쁘지 않다. 무척 피곤하지만 좋은 여행이었다. 일단 오늘은 짧게 끝!

2024.09.09. 정말 바빴던 오늘. 저녁 먹을 시간도 없었다. 그래도 집단 시작을 잘해서 기쁘다. 퇴근길에 본 초승달이 참 예뻤다. 대학교 때 좋아하던 노래를 들으며 집에 왔는데 그때 사귄 남자친구 생각이 갑자기 났다 ㅎㅎ 뜬금없이. 그는 어떤 모습으로 나이 들어가고 있을까 문득 궁금했다. ㅎㅎ

도윤이 재우고 잠들지 않고 더 이어서 쓸 수 있으면 좋겠다.

<u>2024.09.11.</u> 오늘 진짜 바쁜 하루였다. 회식까지 하고 지금은 혼자 칵테일 한잔하는 중. 좋다. 재밌다. 애 엄마가 이래도 되나 싶은데 엄마가 행복해야 아이도 행복하다는 말을 믿으며 그냥 고. 노래방도 갔는데 너무 재밌었다.

상담 선생님이 재밌는 거 많이 하라고 하셨다. 어렵고 힘든 거 하지 말고 아이와 함께 재밌게 놀라고. 아이와 놀 때도 조급한 마음이 든다. 나의 발전에 도움이 되는 일을 해야 할 것 같아서 시간이 아깝다는 생각이 든다. 그러면서 죄책감도 함께 든다. 그냥 행복한 엄마가 되자. 도윤아 엄마 지금 너무 행복해. 꿈에서 만나자.

<u>2024.09.13.</u> 오늘도 새벽에 일어나서 초저녁에 졸려서 비몽사몽.

<u>2024.09.14.</u> 오늘도 새벽에 맨발 산책. 수면제의 기운이 남아 있었는지 조금 힘이 없었다. 그래도 맨발 산책은 참 좋다. 나의 나무 '수리'도 껴안아 보고 윗몸일으키기도 하고 내려와서 계단 오르길 12층부터 시작!

도윤이가 깨기 전에 여유 있게 아침을 챙겨 먹었다. 일어나자마자 키즈카페에 가자고 하는 도윤이를 어르고 달래서 소아과도 다녀왔다. 너무 울어서 바닥에 드러누웠다. 요즘 병원 공포 최고조. 엄마도 어릴 때 병원 무서워했다고 하니까 "정말요?" 하는 도윤이. "진료 받기 싫어요. 무서워요."를 반복하며 기다리다가 자기 이름이 불리니까 결국 울음을 터뜨리고 병원 밖으로 도망갔다. 우는 아이를 데리고 진찰실로 들어가서 무슨 정신으로 봤는지도 모르겠다. 휴~ 감각이 예민해서 더 싫은 것 같다. 그래도 잘 받았었는데 이 또한 지나가겠지.

지난 건강검진 결과 에스트로겐 수치가 비이상적으로 높고 난소에도 근종이 보이는 것 같다고 산부인과 진료를 꼭 가보라고 해서 오늘 가려고 했는데 도윤이 병원에 다녀오고 나니 접수 마감이라고 해서 못 갔다. 추석 이후에 꼭 가봐야지.

도서관 문화교실 첫날. 도윤이가 내가 생각하는 것보다 더 활발하다는 것을 오늘 알게 되었다. 어릴 때 문화센터에 다닐 때는 나서서 하지 않는 아이였는데 오늘은 자진해서 손을 들고 나가서 만져도 보고 인사도 잘 하고 적극적이었다. 이렇게 컸구나, 네가. 그리고 똑바로 앉으라는 주의도 두어 번 들었다. 이런 주의를 듣기 때문에 어린이집에 가기 싫은 건가? ㅎㅎ 에너지 수준이 어마어마한 도윤이였다. 가고 싶다고 노래를 부르던 키즈카페에 가니까 엄청 신나 하면서 놀았다.

이른 저녁도 먹고 도윤이 머리도 자르고 집에 오니 6시 반. 내가 좋아하는 꽃도 사 와서 화병에 꽂아 두었다. 내가 좋아하는 다알리아와 거베라 그리고 리시안셔스. 좋아하는 화병에 꽂아 두니 가을가을 느낌 물씬이다. 7시부터 교육이 있어서 잠시 쉬었다가 10시까지 쭉 공부했다. 게슈탈트 학회 공개 사례 발표회는 처음이었는데 게슈탈트 이론으로 접근한 상담 사례들을 공부할 수 있어서 좋았다. 나도 게슈탈트를 더 잘 활용하는 상담자가 되고 싶다.

다이어트하는 남편을 꼬셔서 야식으로 오돌뼈와 어묵탕을 먹으며 맥주 한 잔씩 했다. 도윤이도 어묵탕을 함께 먹으며 다 함께 야식 타임. ㅎㅎ 야식은 왜 맛있을까? 금기시 된 것에 대한 갈망인가?

내일은 친정 식구들과 당진에 당일치기로 놀러 가기로 했다. 맛집만 두 개 알아봤는데…. ㅎㅎ 그냥 가는 거지 뭐. 가서 정해야지. 이제 자야지. 푹 자고 새로운 내일을 맞이하자! 오늘 하루도 잘 살았다.

<u>2024.09.15.</u> 친정 식구들과 당일치기 당진 여행! 오픈런으로 게장 맛있게 먹고 예쁜 카페에 가서 맛있는 디저트도 먹었다. 작은 이모를 정말 좋아하는 도윤이. 내 손 잡고 가다가 손을 탁! 놓더니 이모에게 도도도 달려가 손을 잡는다. 차에서 과묵한 스타일인데 이모와는 30분 넘는 시간 동안 조잘조잘 이야기한다. 신기해. 그 작은 머리에 이야기 주머니가 얼마나 크길래 그렇게 조잘거릴 수 있을까. 나는 다 듣지 못하고 잠들어버렸다. 왜목마을 해수욕장에서 바닷물에 발도 담그고 물웅덩이에서 게와 소라게를 잡으며 놀았다. 뜨거운 모래사장에 모래찜질도 하고 엄마와 아빠도 좋아하시는 모습을 보니 좋았다. 삽교호에 가서 놀이동산에 갔다. 대관람차도 타고 범퍼카도 탔다. 대관람차와 달이 함께 있는 모습이 참 예뻤다.

맛있는 회를 배부르게 먹고 집에 오는 차 안에서 편하게 잤다. 운전해줘서 고마워 남편. 잘 자고 내일을 맞이해야지.

2024.09.17. 수면제 없이도 자는 날이 많아지고 잠자는 시간도 길어지기 시작했다. 아, 다시 내려가는 중이네. 찾아올 우울이 싫고 두렵지만, 경조증을 붙들려고 할수록 이 진폭은 끝나지 않을 테지. 그냥 받아들일 수밖에….

수용. 있는 그대로를 받아들이는 것. 이게 좋다, 이건 싫다는 분별심을 내려놓고 그냥 나에게 오는 것들을 환영하고 끌어안고 또 갈 때는 보내주는 것. 그걸 연습하라고 내게 이런 일이 생기나 보다.

2024.09.18. 연휴 마지막 날. 어제 무리했는지 초저녁에 거의 기절했었다. 그걸 본 남편이 왜 체력을 고려하지 않고 약속을 잡는지 이해가 안 갔다고 했다. 뭐라 해서 바뀔 게 아니기에 어제 말하지는 않았다고…. 불편해하는 표정이 보여서 오늘 물어보니 얘기해줬다.

내가 연습해야 할 부분인 것은 분명하다. 에너지 절전모드로 사는 남편과 막 발산하며 사는 나. 매우 다르다. 하지만 육아는 변수의 연속이라 내가 에너지가 없으면 아이에게 일관된 양육 태도를 취하기가 어렵다. 노력해보자! 에너지를 고려해서 약속 잡고 행동하기. 그렇게 나를 아끼고 돌보기. 그게 가능하면 경조증에서 급격하게 우울해지는 일이 줄어들 것 같다.

점점 잠은 많아지고 귀찮아지는 일들이 많아진다. 내리막길인 것 같다. 이때 무리하지 않으면 심한 우울증이 안 올 수 있을까. 무리하지 말고 지내보자. 실험정신!

빅토리 노트를 읽기 시작했다. 너무 재밌어서 벌써 반을 읽었다. 누군가의 사소한 일상이 이렇게 감동을 주기도 하는구나. 내가 요즘 기록하는 도윤이에 대한 글들도 나중에 모아서 도윤이에게 전해줘야지. 도윤이는 어떤 반응일까?

> 💬 **댓글**
> 나를 정확히 알고, 상대에게 나를 정확히 설명하는 것! 너무너무 멋진 일입니다, 주원 님. 글에도 단단함이 느껴져요. 도윤이의 세계도 너무 좋구요. 빅토리 노트 참 좋죠! 빅토리 노트 쓰신 이옥순 여사님께서 '즐거운 어른'이라는 에세이 내셨어요! 그것도 추천드립니다.
> ↳ 작가님 덕분에 알게 되는 주옥같은 책들이 참 좋아요. 감사해요!

<u>2024.09.21.</u> 잠이 폭포수처럼 쏟아진다. 오늘은 하루 종일 그랬다. 아침 출근길에 정말 위험했다.

> 💬 **댓글**
> 저두요. 계속 계속 자고 싶어요. ㅠㅠ. 내일은 주무시지 말고 꼭 회고 모임 와주세요. 주원 님 이야기 듣고 싶어요.
> ↳ 작가님. 요 댓글을 이제야 봤네유. 10월 회고 모임은 꼭 참석할게요!!

2024.10.07. 진짜 오랜만의 기록.

추석 지나면서 풍선에 바람 빠지듯 기운이 쭈욱 빠지더니 하염없이 잠만 자고 싶은 나날들이었다. 그런 날들에도 기록을 이어나가며 닻으로 삼고 싶은데 잘 안된다. 노력 해봐야지.

그래도 조금 기운이 올라온 요즘. 다시 기록을 시작하자!

오늘 행복집단이 잘 끝났다. 학생들과 행복에 대해 이야기 나누고 사유할 수 있는 시간이 있다는 것이 감사하다. 나도 행복으로 더 채워지는 느낌이다. 수고했어!

댓글

"기록을 이어나가며 닻으로 삼고 싶다"라는 문장이 너무 좋네요.

오랜만이에요 주원 님. 다시 이어가주세요. 기다리고 있었어요.
↳ 기다리고 있었다는 말에 울컥하네요 작가님. 다시 이어나가 볼게요. 감사해요. 이런 공간을 만들어주시고 또 기다려주셔서요.

2024.10.16. 한없이 가라앉던 날들에서 빠져나왔다. 이번엔 26일 걸렸네. 에너지가 조금씩 올라온다 생각했었는데 어제 새벽에 일찍 깨서 잠이 잘 안 오더니 오늘 아침부터는 우울할 때와는 다른 행동들을 할 수 있었다.

일찍 출근하기, 좋아하는 음식을 챙겨먹기, 식욕이 도는 것, 잘 살아보고 싶은 마음이 드는 것, 풍경이 눈에 들어오는 것, 일에 집중해서 할 수 있는 것, 해보고 싶다는 생각과 할 수 있다는 생각이 드는 것, 사람들과 함께하고 싶어지는 것, 말을 먼저 걸게 되는 것, 감정이 느껴지는 것, 많이 웃게 되는 것들 말이다.

저녁 먹고 아이와 호떡 사 먹는 산책을 하러 나가서 걸으면서 엄마와 통화를 했다. 요즘 잠은 어떻게 자냐는 엄마의 물음에 다시 잠이 안 온다고 대답하면서 이야기가 시작됐다. 엄마는 계속 '니가 왜 그럴까, 언제 나을꼬, 엄마가 뭘 해주면 빨리 나을까, 엄마가 뭔 죄를 지었길래 니가 그렇게 힘드냐.' 이러신다. ㅎㅎ 왜 엄마 죄라고 생각하는지…. ㅎㅎ. 나도 나중에 도윤이가 힘들어하면 내 죄라고 생각하게 되려나? 모르겠다.

"한참 좋을 때인데, 한참인데, 이럴 때를 그렇게 보내서 어쩌노?"

이렇게 말 하시는데 눈물이 왈칵 났다. 길바닥에서 아이랑 같이 걸어가고 있었는데도. 나도 이렇게 좋은 시절을 우울증과 경조증을 왔다 갔다 하면서 냉탕 온탕을 반복하는 게 정말 아깝다는 생각을 했기 때문일까.

양가 부모님 다 건강하시고 우리 부부 안정적으로 각자 일 잘하고 도윤이 건강하게 쑥쑥 자라고 너무 예쁘고 좋은 지금이 황금기가 아닐까 생각한 적이 있다. 그런 황금기를 이렇게 왔다 갔다 휘청거리며 보내는 내가 답답하고 싫다. 그런데 마음 대로 안 된다. 휘청거리고 싶지 않아도 주기적으로 태풍이 계속 온다. 후…. 그런 답답함에 눈물이 왈칵 났다. 나도 이러고 싶지 않은데 마음대로 되지가 않아서….

도윤이 낳고 증상이 심해져서 양극성 장애 진단받고 약 먹은 지 이제 5년 차. 우울할 때는 약도 별로 효과가 없다. 이번에 너무 힘들어하니까 분노를 좀 줄여주는 약이라고 항우울제를 하나 더 늘려주셨다. 약이 줄어들지는 않고 계속 늘어난다. 근데 우울할 때는 약도 잘 챙겨 먹지 않는 게 가장 큰 문제지. 약효가 없는 것 같아도 꾸준히 복용하고 그래도 정말 없으면 약을 변경하든지 증량하든지 해야 하는데 다 귀찮다고 아예 먹지를 않으니, 이런 내가 제일 답답한 건 내 자신이다.

우울할 때는 아무것도 하고 싶지 않다. 할 힘도 의지도 없다. 모든 게 싫고 비관적이고 염세적으로 변한다. 그리고 그런 자신을 경멸하며 힐난한다. 힘들다고 누워있는 애를 자꾸 쥐어패니까 계속 KO 상태로 누워있을 수밖에. 분노가 너무 자신을 향하고 있다고 분노를 줄여주는 약을 추가해주셨다. 나는 나를 왜 이렇게 싫어할까. 내 기준에 도달하지 못하는 나를 너무 싫어한다. 그 어떤 순간에도 상황에도 나를 가장 잘 아는 내 스스로가 내 편이 되어준다면 얼마나 든든하고 좋을까. 근데 나의 최대 적은 나다. 욕심이 너무 많고 그걸 충족하지 못하거나 노력하지 않으면 정말 무지막지하게 힐난한다.

우울할 때 나를 비난하지 않고 그냥 있는 그대로를 받아들이고 수용해주는 것이 가장 중요하다고 의사 선생님과 상담 선생님 모두 그렇게 말씀하시지만, 심지어 나조차도 내담자들에게 말로는 그렇게 말하지만 정작 스스로에 적용하지 못한다. 우울을 수용하는 것이 나에게는 정말 어려운 일임을 이번에도 느꼈다.

일어나서 세수도 안 하고 겨우 출근하고 머리도 며칠째 못 감고…. (우울할 때 씻는 게 어려운 이유는 도대체 뭘까? 좀 더 공부해봐야겠다. 우울해서 못 씻고 오는 학생들 진짜 백번 공감). 책상에 앉아서 시간만 때우는 내가 너무 한심하고 싫다. 월급 루팡하면 좋을 것 같다고 생각했었는데 아니다. 기분이 진짜 더럽다.

그런데 이렇게 온탕 냉탕을 왔다 갔다 해도 5년 동안 아주 큰 일은 없었다. 내가 죽도록 고통스러웠을 뿐(가족들이 힘들긴 했다). 그런데도 아직도 우울할 때 아무것도 못 하고 있으면 금방이라도 큰일이 날 것 같다(내가 회사에서 짤린다든지, 이혼당한다든지…). 현실이 아닌 내가 만들어낸 생각들 때문에 이토록 괴로울 수가. 벼랑 끝에 몰려서 이제는 떨어질 것 같다는 생각뿐인데 사실 벼랑이 아니라는 거다. 마치 3D 그림 같다. 실제가 아님을 지나고 나면 알지만 겪는 당시에는 늘 진짜 벼랑 끝에 서 있는 것 같다.

그래도 5년 전에 비하면 정말 개과천선했다고 말해도 좋을 정도로 좋아졌다. 점점 나아지고 있다. 진폭이 줄어들고 있다. 내가 믿는 구석은 이거 하나다. 미약하지만 계속 나아지고 있다는 점. 앞으로 점점 더 나아질 거라는 점. 이거 하나 붙잡고 간다. 엄마에게도 이 말을 하고 긴 통화를 마쳤다.

내가 우는 것을 봤는지 아이가 내 손을 꼭 잡고 괜스레 웃어준다. 나도 따라 웃는다. 그리고 맛있게 호떡을 먹었다. 다시 걸어 가보자.

💬 댓글

주원 님에게 조금이라도 힘이 되는 말을 하고 싶은데 제가 말재주가 없어서…. 단어가 떠오르지 않네요. 힘들어도 조금씩 나아지고 계시니 더 좋은 방향으로 갈 수 있을 거예요.

↳ OO 님 감사해요. 이렇게 마음 전해주시는 것만으로도 많은 위로와 힘이 되네요. 더 좋은 방향으로~ 더 좋은 날로 가요 우리. (작가님이 자주 하는 말 따라 해봐요. ㅎㅎ)

주원 님은 이미 다 알고 계신 것 같아요. 무엇이 주원 님의 문을 단단하게 걸어 잠그고 있을까? 더 탐색하고 탐구해야 하는 거겠죠??

<u>2024.10.17.</u> 경조증이 오자마자 다다다 기록하는 나. ㅎㅎ 웃기다 정말. 너무 예상 가능한 행동이라서.

<u>2024.10.18.</u> 오랜만에 나간 맨발 산책이 참 좋았다. 매일 하지 않아도 하고 싶고 할 수 있을 때 하는 것도 괜찮은 거 아닐까.

하루를 꽉꽉 채워서 보내고 해야 할 일도 모두 끝내고 퇴근했더니 힘이 없다. 그리고 너무 많은 것을 처리해서 인지, 기억이 뜨문뜨문하다. 무리하지 않기로 그렇게 다짐을 해도 속도 조절은 여전히 어렵다. 비난하기보다는 알아주자. 내가 속도 조절을 잘하고 싶었구나. 근데 그게 잘 안 돼서 속상하구나. 변화는 원래 쉽지 않은 것이니 조금씩 노력해보자. 노력한다는 것만으로도 의미 있는 일이다. 이렇게 되뇌어 본다.

학부 때 교수님이 1학년 수업에 특강을 와줄 수 있는지 물어보셨다. 심리상담사 직업에 대한 내용으로 1시간 특강이라 흔쾌히 하겠다고 했다. 부담이 되기도 하지만 강의를 해보고 싶은 마음이 많기에 덥석 잡았다. 이제 2주 남아서 지금부터 교육 자료를 잘 준비해봐야겠다. 어떤 내용을

담을지 하루 종일 생각했다. ㅎㅎ 후배들에게 해주고 싶은 말이 너무 많다.ㅎㅎ 오바하지 말고 잘 전달해서 도움이 되는 시간이었으면 좋겠다. 설렌다! 무슨 옷 입고 갈지도 벌써부터 고민 중 ㅋㅋ

2024.10.19. 비 온 다음 날의 맨발 걷기는 촉촉해서 정말 좋다. 일부러 진흙탕에 들어가 꼼질꼼질도 해보게 된다. 원래는 점심 먹고 동생 집으로 가려고 했으나 도윤이가 큰이모집 빨리 가자고 재촉을 해서 아침 먹고 바로 출발했다. 곧 출산을 앞두고 있는 동생을 출산 전에 마지막으로 보고 싶어서 갔다. 그 작은 체구에 배만 불러온 모습이 애잔하기도 하고 대견하기도 했다. 수축이 계속되고 자궁경부 길이도 짧아서 한 달을 입원했다가 겨우 퇴원했다. 이번 주까지만 조심하면 다음 주부터는 아기가 언제 태어나도 다 괜찮다고 한다. 정말 다행이다.

꽃을 좋아하는 동생을 위해 예쁜 코랄 빛 왁스플라워와 베이지색 거베라를 샀다. 가을가을하다.

맛있는 점심을 먹고 도윤이와 놀이터에 가서 놀았다. 개미와 거미를 찾아보며 깔깔깔 웃는 도윤이를 보면서 마음이 충만해졌다. 내가 무언가를 많이 해주지 않아도 이렇게 함께 시간을 보내는 것만으로도 아이는 참 행복하구나 싶었다. 걱정에 휩싸여있으면 함께 있어도 진정으로 함께 있는 게 아니게 된다. 걱정을 내려놓고 지금-여기를 살아야 함께 있을 수 있고 연결될 수 있다.

신나게 산책을 마치고 집에 와서 낮잠에 든 도윤이 덕에 오늘의 기록을 남길 수 있어서 감사하다.

감사하고 행복한 게 참 별일 아닌 것에서 오는 것인데…. 왜 늘 대단한 것을 찾으려 발버둥 치고 괴로워하는 걸까? 머리로는 알면서도 그냥 지금의 나로 충분하다고 받아들이고 행복해하면 곧 망할 것 같은 불안이 어김없이 찾아온다.

"지금 겨우 모면하고 사는 거지. 너 이렇게 노력하지 않고 만족하면서 살면 곧 망해!"

　내면의 목소리가 너무 무섭다. 그래도 지난 5년간 우울할 때 너무 힘들었긴 해도 아주 큰 일이 벌어지진 않았다. 그걸 믿어야지. 큰일 날 거라는 사이렌이 계속 울려도 기계 오작동이라는 것을 알아차리고 다시 지금-여기 현실에 발붙이고 살아가야지. 그것밖에는 길이 없다.

댓글
주원 님의 글 너무 좋아요~~~

2024.10.20. 역시 경조증일 때는 돈을 많이 쓰게 된다. 필요한 것들이긴 했지만 인터넷 비교도 해보고 사면 되는데 백화점 간 김에 다 서버려서 몇십만 원이 30분 안에 날아갔다. 허허허.

경화가 출산하기 전에 한 번 더 볼 수 있어서 좋았다. 운전을 조금 힘들게 했지만 내 덕에 엄마도 편하게 오실 수 있어서 마음이 좋았다. 경화집에 간 1박 2일 자유시간을 누린 남편이 나 보고도 나가서 자유시간 보내고 오란다.

그렇게 말한다면 또 안 나갈 수 없지. 좋아하는 카페에 가서 따뜻한 말차라테를 마시며 예지 작가님 책 『의외로 간단한』을 읽었다. 2019년도에 읽었던 책인데 오늘 손에 다시 잡혔다. 책을 읽으며 '아, 작가님은 5년 전에도 이런 고민과 생각을 하고 있었구나' 싶었다. 그리고 내가 밑줄 그은 문장들과 메모해 둔 글을 보며 5년 전 나의 생각도 알 수 있었다. 책을 보다 말차라테 한 모금, 또 책을 보다 바깥 구경 한 번. 이렇게 여유로운 시간을 보내고 나니 바닥났던 체력이 차올랐다. 그리고는 아로마 마사지를 받고 집으로 돌아왔다. 돌아오는 길에 색이 예쁜 왁스 플라워와 거베라를 사서 씽씽이를 타고 신나게 왔다. 내 사랑 씽씽이. 씽씽이를 타고 자전거 도로를 질주하면 해방감이 느껴진다.

좋아하는 바디 스크럽으로 샤워를 하고 개운하게 아이와 잠을 청했다. 아이는 곤히 잠들었지만 나는 생각이 계속 많아서 다시 일어나 글을 쓰고 있다. 기록할 시간이 주어져서 감사하다. 가을 느낌 물씬 나는 음악을 들으며 은은한 스탠드 조명이 비추는 나의 책상에 앉아 글을 쓰는 지금이 참 평안하고 좋다. 나의 공간에서 얻는 아늑함. 잠이 오지 않으니 계속 일 생각, 할 일 생각들을 해서 머리가 터질 것 같다. 과부하.

우선 진짜 중요하게 해야 할 일을 정했다. 일로는 검사사례 보고서 작성,

특강 자료 준비, 2023학년도 사업 결과보고서 작성이 있다. 집안일은 여름옷 집어넣고 가을 겨울옷 꺼내기이다.

  학부 교수님이 오랜만에 연락 오셔서 후배들에게 심리상담사에 대해 특강을 해줄 수 있겠냐고 제안하셨을 때 부담되는 마음도 있었지만 하고 싶은 마음이 더 커서 덥석 잡았다. 11월 5일로 날짜가 잡혔다. 설렌다. 또 두렵기도 하다. 해주고 싶은 이야기들이 정말 많은데 1시간 안에 다 할 수 있으려나~ ㅎㅎ 제일 좋은 강사는 일찍 마쳐주는 강사라는 말도 있는데….ㅎㅎ 오버하지 말고 담백하게 해 보자! 할 수 있는 만큼만 해보자. 완벽하지 않아도 된다.

댓글
ㅎㅎ 주원 님의 글이 많이 보인다 싶었는데, 다시 동굴에서 나오신 기간이군요

2024.10.21. 육퇴하고 바에 와서 위스키 한 잔. 음악이 벌써 크리스마스 느낌이 난다. 곧 크리스마스구나. 시간이 참 빠르다. 늘 느끼는 거지만.

모교에서 할 강의로 많이 설렌다. 오늘 강의안의 개요를 잡아봤다. 나도 예지작가님 회고 모임 피티처럼 멋있게 만들고 싶다. ㅎㅎ 멋있게 하고 싶은 마음이 크니까 시작이 어렵다. 그냥 하자, 그냥. 내가 할 수 있는 만큼을.

학부 졸업하고 대학원 가면서 정보가 부족해서 과 선택에 후회를 많이 했었다. 그리고 엄청나게 노력해서 자격증을 따고 상담 일을 시작할 수 있었다. 그리고 그 결과로 상담 쪽에는 거의 없는 정규직 자리에서 일할 수 있었다. 힘들었던 과정을 지나온 만큼 그걸 자랑하고 싶은 마음이 크다는 것을 오늘 알아차렸다. 까딱하다간 1시간 동안 자랑만 하다 끝날 뻔. 정신 차리자! 후배들에게 도움이 되는 내용으로 잘 구성해보자.

🗨 댓글
위스키 마시는 어른이 제일 멋있어요!!!! 멋져라~~

2024.10.22. 시간을 나노 단위로 쓰는 하루를 보냈다. 중간중간 에너지가 훅 떨어질 때도 있었다. 그럴 때는 따뜻한 차 한 잔을 하면 창문을 열어 두고 바람을 쐬며 멍 때린다. 아무것도 하지 않는 그 시간이 지나면 에너지가 다시 채워진다. 아니면 아예 사무실 밖으로 나가서 잠시 캠퍼스를 걷는다. 바람을 맞으며 계절에 따라 피고 지는 꽃들과 하늘을 보며 걷고 나면 충전이 된다.

저녁에는 성현이랑 만났다. 오늘부터 말 편하게 하기로 해서 성현 씨에서 성현이로 ㅎㅎ 나의 유일한 동네 친구. 너무 소중해. 매사 긍정적인 그녀에게서 많은 것을 배운다. 예서 자는 시간 때문에 1시간 30분밖에 못 만났지만 짧아도 참 즐거운 시간이었다. 게다가 성시경이 만든 경탁주 왜 이렇게 맛있는 거야!! 내일 바로 주문해야지.

세 명의 아이들이 각자 다양한 요구를 하는 와중에 밥을 급하게 먹은 건지 체했다. 거실을 어슬렁거리며 걸으면서 글을 쓰고 있다. 잠이 오지 않아 수면제를 먹었다. 이제 곧 곯아떨어지겠지. 꿀잠 자고 새로운 내일을 시작하자!

💬 댓글

따뜻한 차 한 잔, 바람 쐬며 멍 때리기, 바람을 맞으며 걷기, 계절 꽃들, 하늘. 아무것도 하지 않는 빈칸의 시간이 참 소중하게 느껴지는 주원님의 이야기예요. 날이 많이 차졌어요. 몸도 더 따숩게 다니셔요^_^

<u>2024.10.23.</u> 오늘은 회식하는 날! 너무 재밌다. ㅋㅋ 힘들었던 것도 막 얘기하고 욕도 하고 ㅋㅋ 즐겁다.

<u>2024.10.24.</u> 어제 새벽 1시 30분까지 놀았더니 지금 무척이나 피곤하다. 이렇게 피곤할 때는 자책을 하게 되는데 내 자책을 방어할 힘이 없어서 생각이 계속 안 좋은 쪽으로 흘러가게 된다. 내일 있을 발표 자료도 만들어야 하고 저녁에 있을 공부 모임 책도 읽고 일도 해야 하는데 다 못할 것만 같다. 금요일 저녁도 결혼기념일 기념 데이트고 토요일에는 하루 종일 학회 참여하고 일요일에도 약속이 2개나 있다. 에너지 올라왔다고 약속을 잡은 탓이다. 그런 나를 자책하면서 계속 후회하고 걱정하고 있다. 이 생각을 끊고 싶은데 힘이 없어서 자동적 사고를 막기가 어렵다. 내가 힘이 있을 때는 '그런 걱정이 드는구나. 사실이 아니야. 할 수 있는 만큼만 하면 돼.' 이렇게 생각을 전환할 수 있는데 힘이 없을 때는 어렵다.

생각의 방향을 바꿔보려고 글을 써본다. 내일 일은 내일의 내가 할 것이고 내일은 다른 상태일 수도 있다. 그러니 지금-여기에서 할 수 있는 일을 하자. 자책이 올라오면 바라보고 지나가게 내버려 두자. 붙잡지 말고. 내가 했던 선택이었고 책임을 지면 된다. 그리고 할 수 있는 만큼만 하면 된다.

2024.10.25. 10월 회고 모임에서 가장 기억에 남는 문장은 "힘든 경험이어도 나중에는 어떻게 해석될지 모른다."이다. 경험해 보는 것만큼 중요한 것은 없으니. 지금 내가 경험하는 오르락 내리락도 의미가 있겠지. 나중에 내가 이를 어떻게 해석할지 모르는 일이지.

그리고 나도 일상 이야기 말고 농도 짙은 글을 쓰고 싶다는 마음이 생겼다. 한 번에 다 완성하려고 하니까 짬이 나지 않았는데 머리에 부유하는 것들을 일단 잡아두는 목적으로 쓰고 나중에 계속 수정해나가면 되겠구나 싶다.

그럼 지금, 내 머릿속에서 부유하는 것들을 써보자. 모순, 연결감, 안전지대, 무용함, 우울에 대한 수용, 큰 야망, 불안 들이다.

각 단어들에 대해 더 사유해보고 써봐야지. 멤버들은 어쩌면 다 그렇게 주옥같은 문장을 쓰는 걸까. 신기하고 부럽다. 나도 내 안의 것을 끄집어 내봐야지.

그럼에도 불구하고 오늘의 일상도 남겨본다. 갑자기 특강을 하게 되어 어제는 불안이 높아져서 괜히 한다고 했나 후회도 하고 망칠까 봐 두려워서 자료도 못 만들고 있었다. 퇴근 한 시간 전에 시작해서 80% 해두고 푹 자고 일어나니 회복되어서 맑은 정신으로 아침에 완성했다. 여러 선생님들에게 보여주면서 수정도 하고 좋아졌다. 상담을 하면서 특강에서 자랑을 너무 많이 할까 봐 두렵다고 하자 선생님 앞에서 자랑 좀 해보라고 하셨다. 그래서 심리학 베이스가 아닌 내가 상담심리사 자격증을 따고 상담계에서는 흔치 않은 정규직 자리에서 일하는 것이 참 좋다고 말했다. 내가 고생한 걸 들으시더니 자랑하고 싶을 만하네 하셨다. 여러 명의 도움으로 많이 안정되어 오후에 있는 교육도 잘 들었고 강의도 잘했다.

학생들이 반짝거리는 눈으로 들어줘서 너무 좋았다. 질문도 많았고 도움이 되었다는 이야기에 뿌듯했다. 11월 특강도 미리 너무 걱정하지 말고 내 진심을 전하자. 내가 태어나서 가장 잘한 일은 남편과 결혼해서 도윤이를 낳은 거고 두 번째 잘한 일이 전과해서 심리상담사로 일하는 것이다. 상담에 대한 나의 사랑과 자부심이 학생들에게 잘 전달되었기를 바래본다.

> 댓글
> 주원 님, 오늘 주원 님이 말씀하신 모든 이야기가 참 인상 깊었고 응원하는 마음과 정말 멋지시고 훌륭하신 것 같다는 마음이 함께 들었어요! 우울감을 품고 그것과 함께 나아가는 힘의 원동력이 주원 님에게 분명 있으시겠구나 하며. 응원의 마음을 전해요, 진심으로.

2024.10.26. 오늘 나는 게슈탈트 학회 학술대회 날이고 남편은 부산으로 결혼식을 가야 해서 도윤이 어린이집 부모참여 행사에 엄마가 같이 가주셨다. 도윤이가 엄청 적극적으로 참여하고 즐거워했다고 하여 기분이 좋았다. 마이크 잡고 이야기도 했다는 ㅋㅋ

그런데 점심 먹고 나서는 너무 졸려서 학술대회를 듣다가 졸았다. 다 끝나고 나서도 너무 졸렸다. 지난 수요일에 회식 후유증과 금요일에도 늦게 자서 피곤이 쌓인 것 같다.

하루 종일 편하게 교육 듣기만 했는데 왜 피곤하냐며 나를 질책하다가 멈추고선 '교육 듣는 것도 피곤할 수 있지. 어제 늦게 자서 더 그렇지'라고 생각을 바꿨다. 그리고는 저녁을 먹고 초저녁 잠을 조금 잤다. 그랬더니 좀 나아졌다. 자책을 알아차리고 멈출 수 있어서 다행이었다.

오늘 학회에서는 세 명의 상담 교수님들이 시연을 보여주셨다. 김정규 교수님 시연은 많이 봐서 익숙했고 여전히 멋졌다. 다른 두 분은 처음이라 낯설고 신기했다. 현전하며 내담자의 프로세스를 파악하고 함께 하는 것이 이런 것인가? 생각이 들었다. 졸려서 제대로 보지 못한 게 조금 아쉬웠다.

　내일은 약속이 두 개나 있으니까 체력 관리를 위해서 일찍 자야지. 어제 술 한잔 마시러 나갈까 고민했던 내가 웃기다. 그냥 잤어도 이렇게 피곤한데 나갔으면 큰일 날 뻔했다. 다음날을 고려하는 습관을 들여야겠다.

2024.10.28. 새벽에 글을 쓰는 건 참 오랜만인 것 같다. 경조증일 때는 4~5시에 깨서 막 움직이고 싶다. 그러면 남편이 잠을 일찍 깨서 힘들어한다. 그리고 나도 오후에 체력이 바닥나버리고. 그래서 6시 30분까지는 잠이 안 와도 침대에 누워있기로 나와의 약속을 했다. 근데 오늘은 5시에 깨서 한 시간 명상을 했는데 도저히 못 누워있겠어서 6시에 일어나 옷 정리를 했다. 안방에서만 하는 거라 도윤이 안 깨게 조심해서 마쳤다. 이제 옷장에 가을 겨울옷이 들어가 있다. 뿌듯하다.

조금 있다 남편이 일어나면 맨발 걷기를 다녀와야지. 이제 제법 추워져서 발이 좀 시리다. 양말 바닥에 구멍을 내서 신고 걸으면 된다고 엄마가 알려주셨다. ㅎㅎ 맨발 걷기 예찬자 우리 엄마. 엄마가 맨발 걷기 하면서 같이 하는 동행도 생기고 그 동행들과 여행도 가시고 어제는 멀리서 하는 맨발 걷기 대회도 다 함께 다녀오셨다. 우리만 바라보고 챙겨주느라 자신의 인생이 없었던 엄마를 볼 때 감사하기도 했지만 부담되기도 했었다. 엄마의 희생에 보답해야 할 것 같아서 엄마의 말을 거역하기가 너무 어려웠다. 그런데 이제 엄마만의 시간이 많아진 것 같아서 참 보기 좋다. 나도 엄마의 기대보다는 내 생각대로 살아가는 데 힘을 더 쏟게 된다.

많은 희생을 하면서 우리를 키운 것을 알기에 도윤이에게 엄마만큼 희생하지 않는 나 스스로가 나쁜 엄마 같은 생각이 많이 들었다. 반찬도 다 사서 먹이고 교육도 자주 들으러 가고 친구들도 만나고. 그런 나의 부재가 혹 도윤이에게 상처가 되지 않을까 걱정을 했었다. 우리 엄마는 우리밖에 없었는데도 나는 상처받은 게 있었는데, 이렇게 자기 시간을 가지는 엄마 밑에서 큰 도윤이는 더 큰 상처를 받지 않을까 하고. 그런 이야기를 남편과 상담 선생님에게 했을 때 둘 다 아니라고 했다.

우리 엄마는 엄청 희생하셨지만 그만큼 경계를 지키지 않고 침범하는 경우가 많았다. 나의 자율성을 발휘할 기회를 잘 주지 않았고 많이 통제하려고 했었다. 그리고 희생하면서 힘들어하는 모습을 보면서 나는 죄책감이 들었고 엄마에게 더 맞추고 잘해야겠다는 생각이 들게 했다. 내가 없는 자리에 남편도 있고 도윤이는 혼자 있는 시간을 즐기는 편이라 나의 부재가 심각하지 않다고 두 사람 다 말했다. 그리고 가장 중요한 것은 엄마가 행복해야 아이도 행복하다는 점!

내가 교육 들으러 방에 들어가면 도윤이는 "엄마 공부 열심히 해서 훌륭한 상담사 되세요~" 이렇게 인사해준다. 그리고 할머니 집에 맡기게 될 때도 "엄마 공부 잘하고 오세요~" 하면서 신나게 들어간다(할머니 집에 가면 영상을 많이 볼 수 있으므로 ㅋㅋ). 내 걱정과 현실은 다르다. 이걸 자주자주 되새겨야지. 걱정쟁이 이주원. ㅎㅎ

이런 주제의 글을 쓰게 될 줄 몰랐는데 그냥 쓰다 보니 나왔네. 신기하다. 평소에 자주 하던 고민이어서 나왔나 보다. 쓰고 보니 확실해진다. 희생하며 불행한 엄마보다 조금 떨어져 있더라도 경계를 침범하지 않고 행복한 엄마가 훨씬 낫다는 것이!! 도윤아, 엄마가 정말 정말 사랑해. 떨어져 있는 동안도 너를 사랑하는 마음은 변함없단다. 우리 각자 또 함께 행복하자.

댓글

주원 님의 글을 여러 개 볼 수 있어 왜 이리 행복하지요.
　↳ 작가님 덕분이지요 ♥

2024.10.29. 주말 일기

결혼하면서 이사 온 곳이라 동네 친구가 없다. 당근으로 연을 맺은 성현이가 유일했는데 게슈탈트 집단에서 같은 동네 사람을 만나게 되었다. 그래서 오랜만에 동네에서 만나 차를 마셨다.

10월 초에 보려고 했었는데 그때는 너무 우울해서 내가 약속을 미뤘다. 그게 죄송하다고 말하며 나의 상황을 오픈했다. 가만히 들으시더니 너무 자연스러운 현상이라고 말하셨다.

"우울할 때 머리 못 감고 사람들 안 만나는 게 자연스러운 거 아니에요? 그리고 경조증일 때는 사람들 많이 만나는 게 자연스러운 거고. 모든 방면에서 완벽한 사람보다 어딘가 허술하고 구멍이 있고 자연스러운 사람이 더 매력 있던데, 나는."

머리가 띵~ 했다. 그런 생각은 해본 적이 없었다. 우울한데 잘 웃고 있고 사람들 잘 만나면 그건 우울이 아니지. 너무 자연스러운 모습이라는 그 말에 많은 위로를 받았다. 그래도 오르락내리락하는 게 너무 힘들고 싫다고 말하자 또 이렇게 말해주셨다.

"조금 멀리서 보면 진폭이 작은 그냥 일직선으로 보이지 않을까요? 더 멀리서 보면 상승곡선일 테고요."

정말 그렇다. 예전보다 일상생활이 훨씬 더 좋아졌으니 말이다. 멀리서 보면 점점 더 나아져 가는 과정이겠다. 마음이 편해진 상태로 다음을 기약하며 헤어졌다.

친한 친구를 만나기로 했는데 차가 막혀서 1시간 넘게 기다리게 됐다. 그 김에 특강 때 입을 옷도 사고 화장품도 사고 오래간만에 아무것도 하지 않는 시간을 보냈다. 우연히 친구의 남자친구도 함께 만나게 되었는데 둘이 잘 어울리고 행복해하는 친구를 보니 나도 행복했다. 신나게 놀다가 시간에 맞춰 집으로 가 도윤이와 함께 잠자리에 들었다. 재밌고 행복한 하루였다.

<u>2024.10.30.</u> 요즘 나는 다음 날 하루가 괜찮으려면 7~8시간은 자야 하는 것 같다. 그보다 적게 자는 날은 일과 중에 체력이 훅 떨어져서 회복이 어렵다. 자책하게 되고 힘이 없어지면서 우울해진다. 그제는 6시간 정도 잤더니 낮에 훅 떨어졌있고 퇴근하고 너무 졸려서 한숨 자고 저녁을 먹을 정도였다. 어제는 6시간 30분 정도 잤더니 그래도 저녁 먹을 때까지는 버텼는데 아이와 놀다가 졸아서 한 시간 정도 잤다. 수면제를 두 번 먹어도 된다고 하셨으니 수면 시간이 7~8시간이 되도록 노력하는 게 정말 중요할 것 같다.

육아 퇴직 후 밤마실은 금요일이나 주말에만 가는 걸로~ ㅎㅎ 내일 야근을 하는데 끝나고 위스키 한잔하고 집에 11시 30분 전에 가서 자야지. 그리고 6시 30분에 일어나서 맨발 걷기 해야지. 그러면 7시간 자는 거니까!

나를 돌본다는 것이 어떤 감각인지 조금씩 배워나가고 있다. 기분파여서 내일을 생각하지 않고 막 저질렀는데 그게 다음날 나에게 얼마나 안 좋은지를 여러 번 겪고 나니 조절할 수 있게 되었다. 다 필요한 경험이었나 싶다.

지난주 수요일에 선생님들과 회식하고 너무 즐거워서 새벽 1시 30분까지 놀아버렸다. 그것도 남편에게 전화가 와서 멈춘 거지 안 그랬으면 노래방 가서 새벽 3시가 넘었을 것 같다. 그랬더니 목요일에 체력이 훅 떨어져서 나를 엄청나게 힐난했다.

'이렇게 힘들 줄 몰라서 그렇게 놀았냐. 몇 번을 반복해도 왜 바뀌지를 않냐. 내일 발표는 어떻게 할 거냐. 다 망했다.' 근데 이 비난이 멈춰지지를 않아서 계속 우울하고 아무것도 할 수 없었다.

그래서 글을 썼다. 글을 쓰면서 이 비난은 너무 과한 것이고 현실은 그렇지 않고 지금부터 발표준비를 하면 된다고 나를 스스로 다독이는 행동을 처음으로 했다. 글을 쓰고 바로는 아니었지만 퇴근을 앞두고 자료를 만들기 시작했고 끝까지 우울해서 아무것도 못 하는 것에서 벗어났다. 스스로!!

이걸 의사 선생님께 말씀드리니까 관성에서 벗어나려면 엄청난 힘이 드는데 그걸 해낸 거라면서 특급칭찬을 해주셨다. 작은 일이 아니고 대단한 일이라고. 그러게. 나 정말 대단한 일을 해낸 거구나. 기록의 힘이 이렇게나 크구나. 앞으로 또 자책의 늪에 빠지면 혼자 헤쳐나갈 무기가 하나 생겼다.

든든하다.

2024.10.31. 아주 오랜만에 러닝메이트 동호회에 나가서 운동장을 뛰었다. 느리지만 타박타박 계속 나아가는 그 느낌이 좋았다. 숨이 차고 땀이 났다. 살아있음이 느껴졌다. 육아휴직 전에는 참 좋아하던 일이었는데 오랫동안 못 하고 있었네. 그 감각이 살아나서 기뻤다.

오늘도 강의안을 준비하고 강의에서 할 이야기를 생각하는 시간을 많이 보냈다. 너무 재밌다. 계속 그것만 하고 싶다. ㅋㅋ 그래도 중간중간 해야 할 일들을 하고 상담도 2개나 했다. 미뤄두었던 종합심리검사 보고서도 완성해서 내담자에게 잘 전달했다. 강의를 너무 하고 싶어서 그런 걸까? 준비하는 과정도 참 재밌고 좋다. 너무 들떠서 쓸데없는 말만 안 했으면 좋겠다.

뛰고 나서 맛있게 백짬뽕 한 그릇하고 게슈탈트 공부 모임에 들어갔다. '알아차림을 촉진하고 접촉하는 것'이 게슈탈트 상담이라는 말이 가장 기억에 남는다. 내가 이래서 게슈탈트가 좋았구나 싶었다. 나는 접촉을 늘 원하는 사람이지. 그게 좋아서 상담을 하고 있지. 그리고 내 주변의 사람들과도 마음을 나누고 접촉하고 싶어 하지. 내가 좋아하는 일을 하면서 행복하지. 그래서 강의에서도 하고 싶은 말이 많지.

내가 꼭 일하고 싶었던 대학교 상담센터에서 일하고 있는 지금의 내가 참 행복하구나 싶었다. 그런데 주어진 것은 보지 못하고 가지지 못한 것만 바라보니 불행했다. 내가 누리고 있는 것을 잘 보고 만끽하자. 좋다.

2024.11.03. '남은 11월, 12월을 어떻게 보내고 싶으신가요?' 작가님이 던진 질문에 생각해 보게 되었다.

우선 지금 에너지를 아껴 써서 우울한 시기가 오지 않았으면 좋겠다. 이 걸 바라는 게 나를 더 힘들게 할까? 모르겠다.

11월 5일 특강을 잘 마치고 싶다. 그리고 기록의 가을을 계속 잘 이어나가고 싶고 12월에는 기록의 겨울도 시작해야지. 우울함이 찾아오더라도 기록을 이어나가고 싶다.

특강 마지막에 가장 하고 싶은 말은 '스스로를 믿고 사랑하며 실패를 두려워말고 많은 것들을 경험하라'는 것이다. 나에게도 그 말을 똑같이 해주고 싶다던 상담 선생님.

그러게. 내가 나에게 가장 해주고 싶은 말을 다른 사람에게 해주고 싶었나 보다. 나를 미워하기보다 사랑하며 돌봐주고 실패하더라도 많은 도전을 하며 경험하고 싶다.

어떤 도전을 하고 싶나? 행복 추수집단 겸 홈 커밍데이를 하고 싶다. 5기까지의 학생들이 모두 모여서 그간의 행복 리추얼을 함께 공유하고 행복감을 나누는 그런 자리 말이다. 재밌을 것 같다.

하기 싫지만 해야 하는 일에 에너지를 적게 쓰고 하고 싶은 일들을 해나가고 싶다.

도윤이와 노는 시간을 더 많이 갖고 싶다. 에너지 배분을 잘해서 저녁 먹고 도윤이와 함께 더 신나게 놀고 싶다. 요즘 날씨가 좋으니 함께 산책도 더 많이 가고 싶다.

2024.11.03. 다시금 잠이 많아지고 있다. 오늘 시댁 사촌 모임이 있었는데 버스에서 계속 잤다. 두렵지만 받아들여야지. 우울이 오고 있나 보다. 이번에는 우울과 함께 잘 지내보고 싶은 마음이 든다. 그럴 수 있기를….

🗨 **댓글**

이번 우울에는 한 단어라도 기록해보기!!!
　↳ 네! 한 단어라도!

2024.11.06. 어제 모교 특강을 잘 마치고 교수님과 따끈한 연포탕을 맛있게 먹고 이런저런 이야기를 나눴다. 혼자 소설만 쓰지 않으면, 부자 동생 있는 게 정말 좋은 거라고. ㅎㅎ 그리고 내가 한 강의가 평소 교수님이 수업에서 강조하던 내용과 결이 맞아서 좋다고 하셨다.

이번 강의자료를 만들면서 정말 재밌었다. 다른 일은 안 하고 계속 이것만 하고 싶을 정도로. 처음이라 더 그런 걸까? 아니면 평소에 하고 싶었던 이야기라서 그런 걸까? 마지막에 자율성에 대해 이야기했는데 요즘 나의 키워드다. 남의 눈치 보고 상황을 살피면서 결정하지 못하고 애매한 결정을 내리고 책임지기 싫어하는 것을 이제는 안 하고 싶다. 내가 원하는 바를 정확히 알고 나의 선택을 하고 책임을 지고 감당하며 살고 싶다. 주체적으로. 조금 단단해진 나의 내면을 느낀다.

신나게 회식하고 한 잔 더 하러 좋아하는 바에 가고 싶었는데 너무 춥고 감기 기운도 있었다. 사장님한테 놀러 간다고 했으니까 그래도 갈까 고민하다가 내 건강이 더 중요하다는 결론을 내리고 집에 가서 일찍 잠자리에 들었다. 그러니 오늘 하루 컨디션이 크게 나쁘지 않다. 아마 어제 한 잔 더 했다면 점심 이후에 고꾸라졌겠지.

나를 위한 선택을 하고 마구 올라오는 놀고 싶은 욕구를 제어할 수 있는 힘이 생긴 것 같다. 반가운 일이다. 그래도 감기 때문에 오후부터는 몸에 열감이 나면서 힘들다. 숨 고르기 하면서 자리를 지키고 있다. 무리하지 않고 있다가 퇴근하자. 나는 집에 가서 도윤이와도 시간을 보내야 하니까. 에너지를 비축해 둬야 한다. 절약형 인간이 되자!

2024.11.07. 어제 결국 퇴근 후 도윤이와 시간은 보내지 못하고 집에 가자마자 잠부터 잤다. 오한으로 몸이 떨리고 너무 힘들었다. 한 숨자고 일어나니 남편이 도윤이 밥 먹이고 같이 놀고 있었다. 고마워라. 밀키트로 따끈한 옹심이 수제비 끓여 먹고 감기약을 먹었다. 도윤이 씻고 옷 갈아입히고 굿나잇 핑크퐁 볼 때 나는 다시 침대로 갔다. 잠깐 잠에 들었다 깨어 보니 도윤이가 안방에 와서 혼자 뒹굴고 있었다.

언제 왔어? 엄마 잘 때~ 이제 같이 잘까? 네~

불 끄고 같이 뒹굴다 도윤이는 금세 잠들었다. 저녁 시간을 같이 못 보낸 게 미안하고 아쉬웠다. 그래도 아프니까 어쩔 수 없는 일이지. 어서 나아서 신나게 같이 놀아야지!

새벽에 일어나서 맨발 걷기를 하고 왔는데 이제 정말 발이 시리다. 그리고 서리가 내렸다. 오늘이 입동이라던데, 겨울이 조금씩 오고 있구나. 나는 초록 잎에 서리가 내린 것을 볼 때마다 참 예뻐서 사진을 찍는다. 벌써 그런 계절이 왔네.

그리고 작년 11월에 자주 들었던 노래 추천 리스트를 들어보니 거의 캐럴이다. 크리스마스도 금방이겠구나. 올해 마지막 달에는 지금까지 한 기록들을 돌아보면 참 좋을 것 같다.

오늘은 상담이 많은 날. 오전에 행정 업무를 끝내고 오후에는 상담에 집중하자. 그리고 중간중간에 많이 쉬어주자. 감기에 걸린 나를 잘 보살피는 하루를 보내자.

댓글

주원 님 사진이 정말 예뻐요. 저도 오늘 아침 입동이란 소리에 아 겨울이 오는구나 했답니다. 따뜻한 물이나 차 많이 드시면서 쉬엄쉬엄 일하고 계시길 바랄게요.

ㄴ 감사해요, OO 님. OO 님도 평안한 하루 보내시길요.

<u>2024.11.08.</u> 잠이 점점 많아지고 있다. 특히 초저녁에 잠이 너무 쏟아진다. 새벽에 일찍 일어나고 낮 동안 에너지를 많이 쓰니까 그렇겠지. 어제도 8시 공부 모임 전에 밥 먹고 40분을 잤다. 그런데도 너무 졸려서 화면 꺼두고 누워서 듣다가 졸았다. 게슈탈트 공부 모임 너무 기대하고 듣기 시작했는데 그룹 수비 날짜랑 겹치고 남편 회식 날짜에도 빠져서 제대로 들은 게 세 번 정도밖에 안 되는 것 같다.

많이 아쉽다. 어제로 기본과정이 끝나서 심화 과정을 등록할 차례인데 고민이 된다. 지금 이걸 하는 게 욕심인가 싶어서. 매주 목요일에 시간을 할애하는 것이 쉬운 것도 아니고 그룹 수비가 목요일 고정이라 2~3주에 한 번씩은 빠질 수밖에 없는 상황에서 그냥 한 다리 걸쳐 놓는 심정으로 등록하기에는 비용도 있고 고민이 된다.

계속하고 싶은 이유는 뭐야?

- 게슈탈트 공부를 함께 하면서 더 꼼꼼하게 하고 싶어
- 리더 선생님의 수업 방식이 좋아. 함께 하는 느낌이라 따뜻하고 집단 상담하는 느낌이야. 태도를 많이 배울 수 있어서 내가 집단 리더를 할 때 도움이 돼.
- 같이 공부하는 선생님들도 좋아. 책을 읽고 느낀 점을 나눌 때 여러 명의 인사이트를 나눌 수 있어.

심화반 하는 게 고민되는 이유는 뭐야?

- 그룹 수비 때문에 2~3주에 한 번은 빠지게 되는 게 아까워. 진도를 따라가기 어려워.
- 내가 책을 잘 안 읽고 가니까 나의 인사이트는 잘 안 생겨.

- 내가 수업을 듣는 동안 남편이 아이를 봐야 하는데 미안해.
- 8시~10시에 수업인데 퇴근하고 나면 너무 피곤해.
- 제대로 하지 못할 건데 발만 담그고 열심히 하고 있다고 위안하는 것 같아서 찝찝해.

이렇게 써보니 하고 싶은 마음 반, 부담되는 마음 반이네. 거 참, 선택하기 어렵다. 근데 고민되는 이유가 5가지로 더 많네. 49:51의 마음으로 선택을 하고 책임을 져야지.

우선 리더 선생님에게 연락을 드려봐야겠다. 다음번 기수에는 요일이 바뀔 가능성이 있는지 여쭤봐야지. 그래. 고민될 때 혼자 끙끙 앓지 말고 물어보고 의논해도 되는 일이다. 혼자 끙끙 앓는 것은 오래된 나의 습관. 그러다 이상한 결론을 내리곤 하지. 나도 타인도 원하지 않는 그런 결정 말이야.

28일에 대만으로 여행을 가는데 그때까지 지금 같은 상태면 참 좋겠다. 요즘은 잠이 좀 적고 새벽에 자주 깨기는 하지만 막 폭발적으로 에너지가 샘솟는 것도 아니라 차분하고 또 우울하지도 않아서 생활하기에 딱 좋다.

이대로 3주만 더 가자~~제발~~

이렇게 간절해지면 꼭 우울이든 경조든 찾아오던데…. ㅎㅎㅎ

그냥 살고 싶다. 증말.

댓글

반드시 그냥 살아지게 될 거에요 주원 님. 늘 주원 님을 응원합니다!
ㄴ OO 님, 감사해요! 반드시 그런 날이 올 거라고 저도 다시 되뇌어 봅니다.

결정은 어떻게 되셨나요 주원님? 결정에서도 뭐든 다 가질 수가 없는 것 같아요~~~~
ㄴ 심화반 go on~ 하기로 했어요. ㅎㅎ 그냥 발이라도 걸치고 들을 수 있는 만큼만이라도 들으려구요. 뭐든 다 가질 순 없네요 정말.

2024.11.10. 어제는 하루 종일 잠이 쏟아져서 다시 우울이 왔나 했는데 오늘은 또 아니어서 안심했다. 낫지 않는 감기 때문에 오전에 병원에 다녀왔다. 병원에 가는 길에 잠시 걸었는데 예쁜 낙엽들이 길을 수놓고 있어서 좋았다. 기다리면서 핸드폰 사진 정리도 하고 옛 사진도 봤다.

요즘 참 좋다. 너무 에너지가 폭발할 정도로 많지도 않고 우울하지도 않고 생기 있게 하루하루를 살아갈 수 있다. 이렇게만 계속 지낼 수 있다면 참 좋겠는데…. 이런 생각하면 우울이든 경조든 꼭 찾아오더라. 이번 달 말에 대만 여행을 가는데 우울한 상태로 가고 싶지 않다. 요 상태로 갈 수 있다면 참 좋겠다.

경조증 기간도 벌써 27일째다. 꽤 오래되었네. 그래도 이번 경조증 기간에는 에너지를 절약하면서 써서 그런지 오래간다. 우울하다가 에너지가 생기면 그 반작용으로 화르르 써버리고 싶은 마음이 많이 드는데 이번에는 중요한 일들이 계속 있어서 에너지를 아껴 써봤더니 일상 생활하는 것이 훨씬 좋고 편했다. 제어하는 힘이 생겨서 기쁘다. 또 휘둘리긴 하겠지만 그래도 조금은 키를 잡은 느낌이다.

아이가 일찍 잠들어서 같이 잠들었다가 깨어 보니 11시 30분이길래 오늘의 기록을 남기고 있다. 남편의 코 고는 소리를 들으며…ㅋㅋ 이 시간이 좋다. 육아하는 친구와 카톡도 하고.

오늘 아이와 시누이네랑 함께 동물들이 있는 농장에 갔는데 캠프파이어를 할 수 있어서 좋았다. 소시지도 구워 먹고 군고구마도 먹고. 먹어서 좋았네 ^^ 잘 먹고 잘 자는 게 중요하지 뭐. 이제 다시 자러 가야겠다!

2024.11.21. 오랜만의 글.

그렇다. 우울이 왔다. 이번 우울 기간에는 뭐라도 꼭 남겨보기로 작가님과 약속했었는데 못 남기고 있다가 오늘에야 남긴다. 오늘은 그래도 이렇게 우울하게 계속 있기보다는 다른 선택을 하고 싶다는 생각이 든 날이었다. 인스타를 보다가 달력을 주문하고 작가님 인스타 글을 읽다가 밴드에도 들어왔다. 다른 선택을 하고 싶다는 생각이 들어서 인스타를 했는지 인스타를 하다가 작가님 글을 읽고 그런 생각이 들었는지는 선후가 명확하지 않다. 그래도 자기만의 문장을 가슴에 품고 계속해나가는 작가님의 생활을 보며 마음에 다른 바람이 살랑 불었다.

나도 이렇게 우울에 잠겨서만은 계속 살고 싶지 않아.

다르게 살고 싶어.

그런데 또 관성이 있어서 행동으로 옮기는 데까지는 시간이 조금 걸린다. 툭툭 털고 나와지지는 않는다. 아주 작은 것이라도 다른 선택을 해봐야지.

이렇게 글을 쓰는 것도 다른 선택이고, 저녁을 아무거나 시켜 먹지 않고 엄마가 준 건강한 반찬들로 먹어야지. 그리고 오늘 저녁 공부 모임에 화면을 켜고 참여해야지. 그리고 내일 회고 모임에도 참여해야지. 회식 후에 운전하며 참여하는 거라 화면을 켤 수 있을지 모르겠지만 그래도 참여해야지.

그러면 이 지긋하고 끈적한 우울에서 조금씩 벗어날 수 있겠지.

댓글

주원 님, 마음을 보내요.
　↳ 감사해요, ○○ 님 ♥

으아~~~~ 우울에도 기록이라니요. 모든 문장이 다 좋네요 주원 님. 아주 작은 것이라도 다른 선택을 한다는 것, 밑줄 백개 치고 갑니다.

2024.11.22. 회고 모임을 라디오처럼 들으며 운전을 했다. 뜻밖에도 내 글이 나왔다. 나와서 좋았다. 작가님이 내 글이 좋다고 말해줘서 좋았다. 나만 주목받고 싶어 한다는 생각이 들었다. 그리고 칭찬을 너무 받고 싶어 한다는 것도 알아차렸다. 칭찬을 받는 것을 너무 당연하게 생각하고 받지 못하면 서운해하는 내가 너무 어린애처럼 느껴졌다.

각자의 삶을 살아가며 최선을 다하고 기록하고 노력하는 우리 모두가 성공한 사람이라는 OO 님 말에 머리가 띵했다. 나는 성공한 사람들이라고 하면 아직도 부자이고 유명한 사람들을 생각하는데. 내가 한참은 더 나아가야겠구나 싶었다. 내 안의 많은 욕망들을 찬찬히 들여다보고 솔직해도 보고 표현도 해봐야겠다.

댓글

주원 님의 글을 회고에서 만나서 저도 너무 반갑고 좋았어요! 주원 님의 모든 알아차림과 작은 모든 선택에 마음 다해 엄지척을 보냅니다. 작가님 말처럼 주원 님 글 저도 너무 좋더라구요. 헤헤

↳ OO님 다정한 말 감사드려요.

주원 님 그런 마음들 너무나 당연하고 또 그 욕망 때문에 지금 이곳에 계신 걸 수도 있어요. 제가 어떤 작가님 수업을 들었는데 우리 모두에겐 욕망이 있다고 하시더라고요. 만약 욕망이 없었다면 지금껏 삶을 이어오지 못했을 거라고요. 저도 특히 이번 가을에 제 안의 욕망을 가득 느꼈어요. 특히 아이 유치원 진로 고민하면서요. 처음엔 살짝 현타가 찾아왔는데 그런 욕망을 가진 나도 나라는 걸 며칠 전에 깨달았어요. 까짓거 좀 있으면 어떤가요. 그런 마음을 가진 나도 나인 걸! 그리고 저도 '성공한 사람들'이라고 생각하면 당장은 눈에 보이는 것들부터 떠올라요. 전혀 이상하지 않아요.

↳ OO님 댓글을 오늘에야 봤네요. 전혀 이상하지 않다고 말해주셔서 감사해요. 안심이 돼요. 우리 안의 욕망을 잘 느끼고 또 알아봐 주면서 살아가요.

기록의 가을 바람

기록의 겨울

―――

소복소복

기록의 겨울 소복소복

<u>2024.12.03.</u> 어제 잠이 잘 오지 않더니 역시 오늘 기운이 좀 났다. 미뤄뒀던 일들을 처리하며 바쁜 하루를 보냈다. 퇴근 후에 간만에 저녁을 손수 차려 먹었다. 저녁을 먹으며 남편과 도윤이와 도란도란 이야기하고 싶은데 현실은 티비로 키즈 유튜브 틀어두고 도윤이 밥 먹이면서 서로 밥 먹기 바쁘다. 이런 저런 이야기를 먼저 건넸으나 돌아오는 짧은 대답에 대화는 잘 이어지지 않았다. 남편은 밥 먹을 때 그냥 밥만 먹고 싶어하는 스타일. 그래도 나는 하루에 대해 이야기하면서 밥 먹고 싶은데…. 포기가 잘 안 되고 불만스럽다. 그렇다고 싫다는 사람에게 강요하고 싶지도 않아서 혼자서만 속앓이. 게다가 내가 우울할 때는 나도 대화할 생각이 없다가 이렇게 기운이 나면 대화하고 싶어 하니 남편 입장에서는 어느 장단에 춤을 추라는 건지 싶을 것 같다. 어떻게 하면 좋을까. 도란도란 식사하는 화목한 가정에 대한 이상향이 나에게 있고 그게 현실에서 이뤄지지 않으니 불만스럽다. 꼭 밥 먹을 때 도란도란 이야기 나눠야 화목한 걸까? 흠… 그건 아닌데 말이야. 남편과 함께 얘기 나눠봐야겠다. 그런데 말을 꺼내는 것도 좀 어렵다. 안 그래도 회사일로 스트레스 많이 받고 있는데 힘든 사람에게 내가 요구하게 되니까. 우울할 때 나 대신 집안일과 도윤이 돌보기를 묵묵히 하는 남편에게 고맙고 미안해서 요구하기가 더 어렵다. 에휴~

도윤이도 이제 밥 먹을 때 영상 보지 않고 스스로 먹는 습관을 들여야할 텐데…. 실랑이하기 싫고 우리 편하자고 계속 영상 틀어두고 밥을 먹여준다. 하아~ 이러면 안 되는데 당장의 피곤함에 늘 지고 만다. 습관이 중요한데 내 편의로 도윤이의 습관이 안 좋아지는 것 같아서 마음이 쓰인다.

댓글

주원 님, 이미 이렇게 객관적으로 문제를 바라보고 있다는 게 놀라운 걸요!
저도 주원 님처럼 화목한 가정의 이상향이 같은데 그렇게 되지 않으니 몹시 속상하고 화가 났던 기억이 있어요~
그러다 폭발해서 신랑과 아이들에게 쏟아 낸 적이 있는데 지나고 보니 신랑에게 미안하고 4살배기 아이들에게 무슨 짓을 했나 싶고 하더라고요. 그러다 문득 제가 마음에 여유가 없다 보니 이 모든 게 잘 돌아가지 않음이 느껴져서 생각을 바꿨어요.
"모든 건 다 내 뜻대로 되지 않는다. 주어진 상황에 최선을 다하자."
예를 들어 밥먹을 때 전 도란도란 얘기하기도 원하지만 아이들이 착석을 잘해서 밥 먹기를 원하는 마음도 있거든요. 그래서 매체를 보여주며 아이들 밥을 먹이지만 대신 그 아이들이 뭔가를 제게 요구할 때는 만사 제치고 해줬어요. 그러니 아이들이 행복한 표정을 짓더라구요. 물론 말씀처럼 안 좋은 습관이지만….
아이가 자람에 따라 대화로 상황을 풀어 가다 보면 그 부분은 점점 개선될 수 있다고 믿어요!
신랑에게도 식사 자리가 아니라 다른 자리에서 제가 어느 정도 마음의 용기가 생길 때 저의 기분을 얘기하니 그 어느 때보다 잘 들어 주고요. 아마도 남자들은 멀티보다는 하나만 집중해서 하길 원하니 밥 먹을 때보다는 아무것도 하지 않고 있을 때 저에게 집중도가 올라가긴 하더라구요.
제가 말이 너무 길었는데..
꼭 드리고 싶었던 얘기는 주원 님을 응원하고 주원 님 스스로 잘하고 계시다고 칭찬 드리고 싶었어요. 날씨가 많이 추워졌는데 감기 조심하세요

↳ OO 님, 이렇게 마음 전해주셔서 정말 감사해요. '주어진 상황에 최선을 다하자' 이 말을 마음에 품고 자주 상기해야겠어요. OO 님 글을 읽으며 제가 그리는 그림만을 집착했다는 생각이 드네요. 아이가 점점 커가면서 개선될 수도 있고 멀티가 안 되는 남편에게는 다른 시간에 다가가는 방법이 있었네요. 감사해요. OO 님. OO 님도 감기 조심하세요.

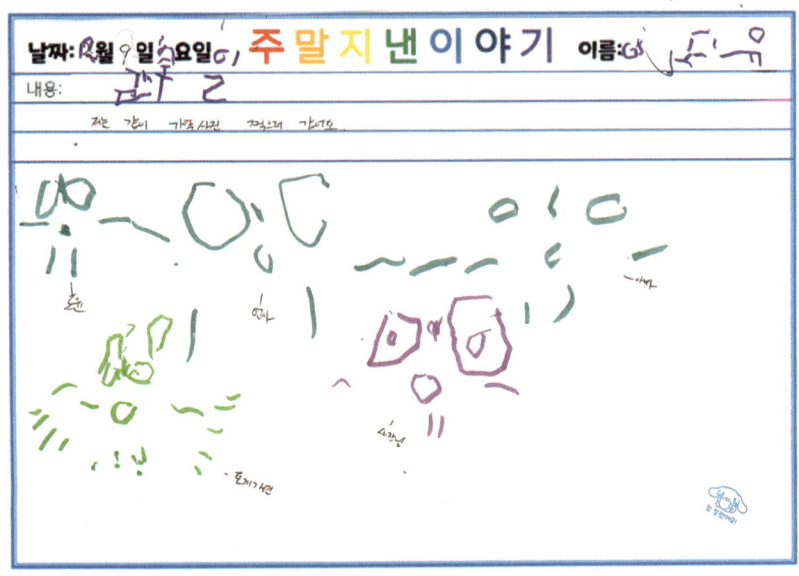

2024.12.04. 내가 지금 어떤 마음인지 잘 모르겠어서 어리둥절하다.

계엄령 발표를 보고 믿기지 않았는데 2천 명이 넘게 있는 단톡방에서 사람들이 서로 이야기하는 것을 계속 지켜봤다. 지금은 새로울 것도 없는데도 뉴스를 계속 보고 있는 나를 발견한다. 이 상황에 내가 화가 난 것인지, 두려운 것인지 잘 모르겠다. 어떻게 해야 하는지도 잘 모르겠다. 사람들과 이 주제에 대해 이야기하고 싶으면서도 내 입장이 어떤 것인지 몰라서 이야기하기가 어렵다. 다른 사람들이 쏟아내는 의견들을 보면서 내 입장을 고르고 있는 것 같다. 나의 주관 없이 다른 사람들의 눈치를 보면서 안전한 반응을 고르는 것은 이번만이 아니다. 비난받고 싶지 않아서 다수의 뒤에 숨는 나의 특징이다. 이런 내가 마음에 들지 않는다.

일도 손에 잡히지 않고 내가 무엇을 해야 하는지도 모르겠다. 뛰어들어서 행동하지도 않고 각자의 자리를 잘 지키는 것도 아닌 어정쩡한 지금의

나. 마음이 갈피를 잡지 못하고 이리저리 흔들린다. 그냥 이것을 알아차리면 되는 걸까?

글을 적어보면서 마음을 알아가 보고 싶었는데 내적 검열이 너무 많아서 글이 잘 써지지 않는다.

🗨 **댓글**

새로울 것도 없는데 뉴스를 계속 보고 있는 나를 발견한다...! 지금의 저예요!!!
저도 지금의 내가 화가 난 것인지, 두려운 것인지 모르겠는데 하루 종일 일도, 아무것도 손에 안 잡히고 마음이 계속 붕 떠 있습니다! 어정쩡한 지금의 나..! 너무 공감돼요ㅠ

↳ ○○ 님도 그러시군요! 글로 쓰길 잘했네요. 저만 이러는 것 같고 못난 시민인 것 같고 그랬거든요. 마음 공유해주셔서 감사해요.

2024.12.05. 계속 심란하다. 중독처럼 계속 뉴스만 새로고침 하면서 보고 있다. 자고 나면 좀 나아질까 했는데 어제보다 덜 하긴 하지만 그래도 불안하다. 일이 하기 싫으니 핑곗거리가 생긴 걸까?

발목을 접질러서 반깁스를 했다. 어제 병원에서 CT를 찍어보니 실금이 가 있어서 목발을 하게 됐다. 4주간 해야 한다고. 12월에 연말이라 주말에 약속도 많고 출장도 있는데 갈 수 있을지 모르겠다.

이 상황이 무척 속상하고 아쉽기만 하지 않고 조금은 좋은 마음이 든다는 게 이상하다. 게으를 수 있는 좋은 핑계가 생긴 것 같달까.

일정이 취소되면 아쉬운 마음도 있지만 편하다는 생각도 있다. 이런 생각이 드는 게 이상한 걸까? 아니면 자연스러운 걸까? 내가 너무 생각을 많이 하는 걸까.

살이 너무 많이 쪄서 운동을 해야겠다고 생각하던 시기였는데 꼼짝없이 한 달을 움직이지 못하게 되니까 운동이 더 간절하게 하고 싶어진다. 안 다쳤을 때는 하지도 않았으면서. 사람의 마음이란~

글을 쓰는 지금은 배가 무척 고프다. 아침에 우유랑 사과도 먹었는데 평소보다 심하게 고프네. 목발을 짚는 게 어렵다. 힘이 많이 들어가서 손도 떨리고 땀도 났다. 그래서 배가 더 고픈가.

일을 할 때 난관이 생기면 멈추고 미루게 된다. 돌파해 나가기보다 묵혀두는 나. 그래서 묵은지가 된 일들이 많다. 쌓이면 간단한 일도 무겁게 느껴지고 늘 급박하게 된다. 안 좋은 습관인 줄 알면서도 잘 고쳐지지 않는다. 어려운 일 앞에서 도망치는 나. 그리고 쉬운 선택을 하는 나. 쉬운 선택을 해 온 결과로 선택의 폭이 좁아진다는 것도 알고 있다.

그래서 경조증 시기에 에너지가 나면 일을 엄청 몰아서 많이 한다. 그러다 다시 고꾸라지고. 너무 비장해지지 말고 지금 할 수 있는 작은 일부터 미루지 말고 해보자. 우선 오늘 저녁에 있을 수퍼비전 자료부터 읽자. 해보자는 쪽으로 마음의 방향을 돌려보자. 하루아침에 바뀔 수 없다.

목발을 짚고 다니는 일이 생각보다 훨씬 어렵다. 지하주차장에서 아파트 입구로 들어가는 그 짧은 거리도 한 번에 가지 못하고 쉬었다 가야 할 정도다. 도윤이는 어서 오라며 재촉하고 ㅎㅎ

사무실에서는 휠체어를 타고 다니니 훨씬 편하다. 그런데 문도 혼자 못 열고 물도 떠오지 못하니까 많은 사람들의 도움을 받을 수밖에 없게 되었다. 동료 선생님이 정말 많이 도와줬는데 나는 도움 받는 게 민망하고 미안하고 어색해서 혼자서 휠체어에 앉아보려고 하다가 넘어질 뻔했다. 도움을 잘 받는 것도 능력인데 나는 왜 이렇게 도움받는 것이 힘들까?

늘 도와주는 사람이고 싶다. 도움을 받는 사람이 아니라. 도움을 받는다는 것은 내가 능력이 부족해서라고 생각되기 때문이다. 그런데 다리가 다친 것은 불가항력이었고 내 능력과는 아무 상관도 없는 일인데도 도움이 불편하다니…. 병이 깊다.

다시 잠이 안 오기 시작했다. 오늘 그룹 수퍼비전 시간도 참 재밌었다. 사례를 읽을 때 내담자들 마음에 공감이 안 돼서 내가 집중을 잘 못 하는 건가 했었는데 접촉이 잘 안 되는 내담자들이었다. 내 촉이 맞았다는 생각에 더 재밌었다. 내 촉을 믿어주자. 나는 내가 잘하는 것은 하나도 보려고 하지 않고 부족한 모습을 현미경으로 보듯이 뚫어져라 쳐다보며 고치고 싶어 하고 남의 인정을 받고 싶어 한다. 그러니 괴로울 수밖에. 내가 스스로를 아껴주지 않고 인정해주지 않으니 나를 인정해줄 타인이 꼭 필요하다. 그래서 예전에는 타인들에게 엄청 잘 했다. 눈치 많이 보면서 그들이 좋아할 것 같은 행동을 하고 내 의견이나 생각을 정립하기보다 남들에게 맞추기 바빴다. 그러다 번 아웃이 오고 더 이상 남들에게 맞출 에너지가 없어지고 나서야 멈출 수 있었다.

요즘은 마음을 잘 나누지 않는다. 친구들 생일도 그냥 넘어가기 일쑤고 각종 기념일에도 먼저 안부 인사를 보내지 않는다. 그런 내가 삭막하게 느껴지긴 하는데 지금의 에너지와 상태에서 억지로 하고 싶지는 않다. 예전의 나는 그렇게 사람들을 챙기면서 그게 기쁨이기도 했었는데 지금은 그 시기가 지난 것 같다. 너무 안 해서 걱정이긴 하다. 하지만 모든 것은 정반합이 있으니 내가 나를 더 잘 보살피고 여유가 생기면 다른 사람들을 챙길 수 있겠지. 억지로 하는 것이 아닌 자연스럽게 마음에서 우러나오는 챙김을 말이다. 내가 나를 사랑하는 마음이 가득 차고 그것이 흘러넘쳐서 자연스럽게 주변에도 흘러가기를 바란다. 이 말을 작가님이 했던 것 같다.

하고 싶은 일들이 많은 밤이다. 오랜만이네. 12월의 시작이 우울하지 않아서 감사하다. 한 해를 돌아보며 차근차근 정리해봐야지. 기록의 사계절 아카이빙을 해야지.

댓글

주원 님의 글을 읽으니 "'도와주세요'라고 말할 수 있을 때 당신은 '자립'한 것이다." 『단단한 삶』이라는 책에 적혀있는 문장이 떠오르네요. 전 이 문장을 혼자 읽을 때나 각각 다른 독서 모임에서 이야기를 나눌 때 문장의 의미조차 이해하기 어려웠거든요.

제가 이루기에는 아무리 노력해도 타인보다 완벽할 수 없거나 주원 님의 목발처럼 불가항력인 것들을 인정하며 도움받기 시작하니 처음에는 불편했지만 나중에는 너무 편하더라고요.

제가 도움받고 그 사람에게 도움이 필요할 때 그 사람에게는 어렵지만 저는 쉽게하는 걸 도와주니 윈윈이 다를 그때야 알게 되었던 일이 떠오르네요. 그 과정에서 제가 동료들에게 못하는 거 인정하고 도와달라고 한 적이 있는데 그렇게 혼자 애쓰지 말고 도와달라고 말하기를 기다렸는데 드디어 했네 하는 이야기들이 들리더라고요. 이게 몇 년이나 걸릴 일이냐며 핀잔도 들었지만 그래서 더 가까워지기도 했어요.

도와준다고 손 내미는 분들이 곁에 계시니 더욱 편하게 요청해보세요. 기다렸을지도 모르니까요. 깁스 4주면 생활하시기 많은 불편이 있겠지만 이 시간이 주변에 주원 님을 향한 마음을 느껴보시는 시간이 될 것 같다는 생각이 드네요.

↳ 00 님, 마음 나눠주셔서 감사해요. 책 속의 문장이 정말 좋네요. 자립.

저도 전에 동료에게 일이 어렵다고 도와달라고 말하니 기다렸었다고, 도와줄 수 있어서 좋다고 했던 게 너무 신기하더라구요. 제가 생각했던 반응과 너무 달라서. 전 귀찮아 할 줄 알았거든요.

4주를 어떻게 보내야 하나 막막했는데 00 님 말씀처럼 저를 향한 따뜻한 마음을 느껴볼 수 있는 소중한 시간이 될 것 같아서 좋네요. 마음이 따뜻해져요. 정말 감사합니다. ♥

<u>2024.12.06.</u> 오늘 상담에서 정말 남들에게는 말할 수 없는 나의 마음을 내놓았다. 그걸 들은 선생님은 그런 생각하는 사람 많을 거라고 내 마음을 공감 해주셨다. 내 마음속의 반전을 외부로 투사해서 그런 생각이 드는 거라는 설명과 함께. 나만 이런 미친 생각을 하는 것 같아서 마음이 괴로웠는데 설명을 듣고 공감을 받으니 안심이 되었다.

그리고 비교하는 생각 때문에 괴로운 마음도 털어놓았다. 동생에 대한 외모 콤플렉스가 있는데 이번에 아주 예쁜 조카가 태어났다. 조카가 동생을 닮아서 신생아인데도 오목조목 참 예뻤다. 예쁜 조카가 사랑스러우면서도 마음 한편에서는 걱정이 피어올랐다. 점점 더 예뻐질 텐데 내가 조카

에게도 질투를 하게 되면 어쩌지. 그런 옹졸한 마음이 들어서 맘껏 사랑해 줄 수 없으면 어쩌나 하는 불안감(그런데 실제로 만나니 그런 생각 하나도 안들고 너무 예쁜 내 조카! 다행이다). 그리고 신생아 조카에게도 질투를 느낄까봐 걱정하는 나 자신에 대한 비난이 나를 괴롭혔다. 그걸 들은 선생님이 자기 안에 예쁨이 있는데 모르는 사람이 밖에서 예쁨을 찾고 그걸 질투한다고 하셨다. 자기 안에 예쁨이 없으면 외부로 투사하지도 않는다고.

나는 내 안의 예쁨을 왜 보지 못하는 걸까. 정말 고집스럽고 지독하게 나의 장점을 안 보려고 한다.

왜?

장점을 보다가 안주하고 그래서 망할까 봐. 부족한 부분을 채워서 완벽해지고 싶어서.

상담이 끝나고 두울 선생님에게 나의 가장 좋은 점이 뭐냐고 물어봤다. 촉촉한 눈으로 '따뜻함'이라는 대답이 돌아왔다. 다른 어떤 것과도 비교할 수 없는 따뜻함이라며. 그녀의 진심을 느낄 수 있어서 눈물이 날 뻔했다. 우울할 때는 말도 잘하지 않고 있는 듯 없는 듯 지내는데, 그래도 따뜻하냐고 묻자

"어떤 행동 때문에 따뜻한 게 아니라 선생님 존재 자체가 따뜻해요."

남들은 아는데 나만 모르는 나의 좋은 점. 내가 해내는 성취나 행동에서만 내 존재감을 확인하지 않고 존재 그 자체로서의 소중함을 느끼고 싶다. 나를 잘 들여다봐야겠다.

우울에게 자리를 내어주면 어떻겠냐는 상담선생님. 가라고 가라고 밀쳐내도 안 가고 붙어 있는데 자리까지 내어주면 더 안 갈 거 아니냐고. 안 갈까 봐 무섭다고 말하는 나. 두려움이 너무 커서 자리를 내어줄 수가 없다.

어디 한번 같이 있어 보자! 하고 용기를 내고 싶지만 그러다 영영 우울할까 봐 두렵다. 우울과 두려움과 함께할 수 있어야 한다는데…. 참 어렵다.

댓글
우리 조금만 더 자신을 예뻐해 주자구요!! 따뜻함은 키우려고 해도 되는 게 아니구 주원 님 자체가 가지신 매력일 거예요!!!
ㄴ 좋아요 ○○ 님. 자신을 더 예뻐해주기! 감사해요.

<u>2024.12.07.</u> 도윤이가 코가 막히고 기침 소리가 안 좋아서 병원에 다녀왔다. 기관지염이라 조금 강한 항생제를 먹어야 한다고 했다. 병원에 와 보길 잘했다. 운전면허증 갱신을 위해 증명사진을 찍었는데 친절한 사장님이 도윤이 사진도 몇 장 찍어주셨다. 별점이 낮은 곳이라 의심하며 갔는데 친절함을 만나서 좋았다. 리뷰를 써달라고 부탁하시는 걸 보면서 별점에 신경을 쓰고 계신다는 게 느껴졌다.

집으로 와서 오랜만에 이서네랑 놀았다. 한 달 만인 것 같다. 언제 만나도 좋은 성현이. 배울 점이 참 많은 사람이다. 어제 남편이 다시 태어나고 싶지 않다고 말했는데 그 말을 들으면서 안쓰럽기도 하고 조금 서운하기도 했다. 다시 태어나도 나랑 결혼할 거라는 말을 듣고 싶었던 것 같다. ㅋㅋㅋ 오죽 힘들면 다시 태어나고 싶지 않다고 할까 싶어 짠하고 안쓰러운 마음이 더 컸지만 말이다. 이 얘기를 하니 성현이는 다시 태어나도 지금처럼 살고 싶다고 했다. 지금보다 조금 더 못 살아도 괜찮다고. 삶에 만족도가 정말 높구나!라고 말하니 자신에게도 타인에게도 바라는 게 없어서 그런 것 같다고 한다. 나는 바라는 게 너무 많아서 힘든데 말이다. 태생이 느긋한데 하고 싶은 거는 또 많아서 내적 갈등이 많다. 그런데 바라는 게 없

고 현재에 만족하는 성현이를 보니 멋지고 부러웠다. 나도 나의 현재에 조금 더 만족하고 싶다. 내가 바라는 것들이 진정으로 바라는 게 맞는지도 숙고해 봐야겠다. 남들이 이만큼은 하니까 나도 따라가야겠다는 생각일 수도 있을 것 같다.

햇빛은 거실을 따스하게 비추고 아이들은 재밌게 놀고 있고 성현이와 나는 두런두런 이야기하는 시간이 평온하고 정말 좋았다. 오랜만에 느끼는 충만감이었다. 시간이 찬찬히 흘러갔다. 이번 크리스마스도 함께 보내기로 해서 기대된다. 도윤이와 이서가 티격태격하면서 서로 챙기는 동네 단짝이 되고 서로 연애하다가 결혼은 둘이 하면 좋겠다는 얘기도 벌써 한다. 사돈 맺고 계속 보고 싶다. ㅋㅋ 애들의 의사는 물어보지도 않고 말이다. ㅋㅋ

저녁에는 공개사례발표회를 들었는데 내담자와 상담자의 마음이 만나는 장면이 인상 깊었고 게슈탈트 기법을 많이 사용한 사례라서 공부가 많이 됐다. 사례만 읽었을 때 엄청 잘 진행한 상담이라고 생각했는데 슈퍼비전을 통해 구체적 탐색이 부족하고 내담자의 다른 이면도 볼 수 있어야 한다는 피드백을 듣고 나니 나의 부족함이 보였다. 나와 결이 비슷한 상담자여서 내가 더 감동받았던 것 같다. ㅎㅎ 부족한 점도 나와 비슷해서 많은 공부가 되었다. 나도 나중에 슈퍼바이저로 역할을 할 날이 올까. 아직은 상상이 안 간다. 부지런히 정진해야지. 그리고 나의 이 마음을 나누고 싶어서 사람이 많은데도 말을 했다. 긴장했는지 손에 땀이 다 났다. 그래도 말하고 나니 더 좋았다.

맥주가 마시고 싶고 노래방도 가고 싶은 것을 보니 경조증이 오긴 왔다. 그래도 실금이 다 붙을 때까지는 금주해야겠지. 외출도 힘들겠지. 허허허.

이번 경조증 기간은 발이 묶여있어서 어떻게 보내게 되려나, 궁금해진다.

<u>2024.12.08.</u> 다리를 다치니 할 수 있는 게 별로 없어서 평소보다 여유로운 주말을 보냈다. 오랜만에 아이와 역할놀이를 재밌게 하고 키즈카페에 갔다가 집으로 돌아와서 세 가족 모두 낮잠을 잤다. 일어나니 해가 지고 있었다. 이토록 평온한 느낌을 받은 적이 언제였는지….

그런데 마음 한편에서는 거리로 나간 분들에 대한 빚지는 마음이 들어 죄송했다. 그렇게 적극적으로 투쟁해 온 사람들이 있었기에 지금의 평온함과 자유가 가능한 것이니까. 시위에 함께 나가지는 못했지만 마음으로 기운을 보탰다. 실망스러운 결과에도 낙담하지 않고 의지를 다지는 분들을 보며 희망을 보았다. 나도 내가 있는 자리에서 할 수 있는 일들을 해야지. 불안이 높은 내담자들이 특히 힘들어할 것 같다. 그들에게 어떤 도움을 줄 수 있을지 고민 해봐야겠다.

욕심을 내려놓으니 마음이 평온한 것이 참 신기하다. 12월에 다리를 다친 이유가 있는 것 같다. 일 더 벌이지 말고 한 해를 돌아보며 잘 마무리하라는 뜻인 것 같다. 기록의 사계절 글들을 아카이빙 해야지. 나도 2024년 기록을 책으로 만들고 싶다. 해보자! 빅토리 노트를 보고 있는데 엄마가 일상의 사소한 것들을 기록해 둔 결과물이 자녀에게 얼마나 소중한 자산이 되는지 실감하게 되었다. 나도 아이에게 요즘의 기록들을 선물로 주어야지. 어떤 반응일지 벌써 궁금하다.

2024.12.09. 수면제 먹고 잠들었다가 중간에 쉬 마렵다는 도윤이 때문에 깼다가 다시 잠이 잘 안 왔는데 6시에 도윤이도 일어나서 온 가족이 모두 이른 기상을 했다. 간단한 아침을 챙겨 먹고 여유롭게 출근해서 이른 아침의 햇빛을 맘껏 쬐었다.

휠체어 타고 길을 가는데 한 학생이 다가와 "도와드릴까요?"했다. 괜찮다고 말하려다 오르막길이 걱정돼서 부탁했다. 건물 안까지 데려다줘도 된다고 했는데 엘리베이터 앞까지 도와준 1학년인 학생에게 좋은 일 생길 거라고 덕담하고 헤어졌다. 사무실에서도 여러 선생님의 손길로 생활하고 있다. 참 고맙고 따뜻하다. 지하주차장에서 통로 현관으로 가는 길에도 어떤 청년이 "도와드릴까요?"라며 다가왔다. 따뜻한 사람이 참 많구나. 거대 정치와 뉴스들을 보면 세상이 말세라는 소리가 절로 나오는데 일상 속의 소중한 사람 한 명 한 명이 자신의 일상을 잘 살아내고 마음을 나누는 힘이 더 크다는 것을 조금씩 알겠다. 나도 주변에 따뜻한 마음을 잘 나누는 사람이 되어야지. 우리의 힘으로 조금 더 다정한 사회를 만들어야지.

잠이 안 오는 것을 말하지 않아도 동료들은 내 표정과 목소리만 보고도 눈치챈다. 변화를 다른 사람들이 다 알아보는 게 좀 겸연쩍고 부끄러운데 어쩌겠어? 이게 나인데. 이번 경조증 기간에는 발목 때문에 밖에 나갈 수가 없으니 어떻게 보내게 되려나. 한 해를 돌아보며 차분하게 보내는 시간이 되었으면 좋겠다.

2024.12.10. 한강 작가님의 연설문에서 와 닿은 문장들.

바로 그 점이 나는 좋았다. 그렇게 맞바꿔도 좋다고 결심할 만큼 중요하고 절실한 질문들 속으로 들어가 머물 수 있다는 것이.
- 나에게 상담도 그렇다. 내담자와 함께 그들의 절실한 질문들 속에 머무는 것이 좋다.

응시하고 저항하며. 대답을 기다리며.
- 지금 현 시국에서 응시하고 저항하며 일상을 살아가야지.

인간의 가장 연한 부분을 들여다보는 것- 그 부인할 수 없는 온기를 어루만지는 것- 그것으로 우리는 마침내 살아갈 수 있는 것 아닐까? 이 덧없고 폭력적인 세계 가운데에서.
- 가장 좋아하는 문장. 이 또한 상담과 연결된다. 내담자의 가장 연한 부분을 함께 들여다보고 온기로 어루만지는 과정을 하는 것이 서로에게 선물 같다.

바람과 해류. 전 세계를 잇는 물과 바람의 순환. 우리는 연결되어 있다. 연결되어 있다. 부디.
- 연대감이라는 단어가 자꾸 생각나는 요즘. 너와 나를 나누지 말고 부디 연결되어 있기를….

우리는 얼마나 사랑할 수 있는가? 어디까지가 우리의 한계인가? 얼마나 사랑해야 우리는 끝내 인간으로 남는 것인가?

- 사랑과 한계. 도윤이가 태어나고 크면서 한 존재를 이토록이나 사랑할 수 있다는 것을 알게 되었다.

사랑이란 어디 있을까?
사랑은 무얼까?
세계는 왜 이토록 폭력적이고 고통스러운가?
동시에 세계는 어떻게 이렇게 아름다운가?

- 폭력과 고통과 사랑과 아름다움이 공존하는 세계. 상반되는 단어들의 집합이 왠지 모르게 그냥 받아들여진다. 빛이 있으면 어둠이 있듯이 당연한 일이지.

천천히 더 읽어보고 싶은 글이다. 차분한 한강 작가님의 음성이 들리는 듯하다. 나는 좋은 것만 있기를 바랐다. 안 좋은 부분은 다 숨기고 억눌렀다. 하지만 눌러온 압력만큼 강력한 힘으로 어둠이 튀어나와 버렸고 번 아웃이 오고 조울증이 시작되었다. 이제야 조금 알겠다. 빛과 어둠은 한 쌍이라는 것을. 어둠이 없는 빛은 없고 빛이 없는 어둠도 없다. '모순'이 떠오른다. 양극이 함께 공존하는 우리의 인생. 어느 하나만 집착하려 하지 말고 내게 오는 모든 것들을 경험해야 싶다. 사랑의 마음을 간직한 채로 말이다.

발목에 금이 간 것이 속상하지만 따뜻한 사람들의 마음을 많이 받을 수 있어서 요즘 참 감사하다. 시국은 이렇게 어지러운데 알지도 못하는 사람들이 다가와서 선뜻 도움을 준다. 사람 한 명 한 명의 일상 속 따뜻함이 살아있다는 것이 감사하다. 거대 담론 앞에 무력해지지만 결국 승리하는 것은 개개인의 사랑이라 믿는다. 일상 속에서 더 사랑하며 베풀며 살아야지.

<u>2024.12.11.</u> 오늘 상담에서는 허영심에 대한 이야기를 나눴다. 외제 차를 사고 싶다. 우리 형편에 아예 못 사는 건 아니지만 유지비를 감당하는 것이 현실적으로 낭비(?)이다. 그걸 머리로는 알면서도 길에 나가면 외제 차만 보인다. 외제 차를 타면 어떤 게 충족될 것 같냐는 질문에 사람들이 나를 성공했다고 생각할 것 같다고 대답했다. 그러면 뭐가 좋냐고 물어보시길래 신나고 기분이 좋고 으스댈 것 같다고 했다. "외제 차가 중요한 것이 아니라 신나고 기분 좋은 게 하고 싶은 거네"라고 하셨다. 내가 신나고 기분 좋은 걸 많이 못 해봤지. 어릴 때 천진난만하게 논 기억이 별로 없다. 늘 과도한 책임감을 느끼며 무겁고 버거웠다. 지금 할 수 있는 신나고 기분 좋은 일이 뭐가 있냐고 물으셨다.

- 친구들이랑 수다 떨기
- 아이랑 깔깔거리며 장난치기
- 남편과 장난치기
- 회식하고 노래방 가기
- 맛있는 거 먹기
- 부부관계 (ㅎㅎ)
- 좋아하는 노래 들으며 드라이브하기

신나고 기분 좋은 것을 많이 해야겠다.

고통과 즐거움은 손바닥의 앞면과 뒷면과 같기 때문에 고통을 마주해야 즐거움도 함께할 수 있다고 하셨다. 고통을 억누르면 즐거움도 함께 무의식으로 들어가서 잘 나오지 않는다고…. 고통을 마주하는 게 너무 두렵고 무섭지만, 전문가와 함께하고 나 또한 많이 성장했으니 용기를 가지고 해봐야지.

댓글
너무 좋네요 주원님! 저도 요즘 스스로 허영심이 아닌가? 라는 생각이 들 때가 있었는데 근원을 찾아보고 싶어졌어요
ㄴ 00 님 마음의 근원을 찾으시길 응원할게요.

2024.12.12. 점심을 먹고 난 뒤부터 말도 안 되게 피곤하다. 오늘 5시에 깨서 그냥 더 안 자고 책을 읽은 게 잘못이었나. 여유로운 아침을 보낸 건 좋았는데 내가 옆에 없으니 도윤이도 너무 일찍 일어나고, 체력이 이렇게 금방 바닥이 나버렸다. 일찍 깨도 꼭 누워서 쉬어야지.

체력이 떨어지니까 비난의 목소리가 계속 들린다. 알아차리고 멈추자. 지금 드는 생각은 현실이 아니다. 나는 조금 쉬고 나면 괜찮아질 거다. 늘 그랬듯이. 그리고 오늘 꼭 해야 하는 일을 제외하고는 미루자. 그래도 괜찮다. 푹 쉬고 나서 다시 하자.

햇빛을 받으며 멍 때리는 시간. 햇빛 충전 좋다. 창문을 열어두니 겨울의 시원한 공기가 내 몸으로 들어오면서 상쾌해진다.

2024.12.13. 휴가를 쓰고 성현이와 데이트를 했다. 전에 갔던 레스토랑에 다시 가서 와인과 함께 코스요리를 즐겼다. 죽이 잘 맞는 우리. 척하면 척이다. 블랙&베이지로 드레스코드도 맞췄다. ㅋㅋ 우리들만의 송년회. 기록의 사계절에서 쓴 글로 책을 만들거라고 하니 성현이가 꼭 돈 주고 사고 싶다고 한다. 그러고 싶다고. 친필 사인해 주기로 했다. 같이 공방과 소품 샵에 들러서 생일 선물도 샀다. 당근으로 맺어진 우리의 인연이 참 감사하고 귀하다.

너무 재밌게 놀아서인지 초저녁에 너무 힘들어서 도윤이 밥 차려주고 소파에서 잤다. 일하고 온 남편이 집안일을 다 해서 미안했다. 좋은 것도 적당히가 필요하구나.

면허증 갱신도 하고 예쁜 꽃도 사 오고 성현이랑 데이트도 하고 즐거운 하루였다.

댓글
주원 님의 12월은 이야기로 가득찼네요.

2024.12.14. 새벽에 또 일찍 깨서 보고서를 썼다. 그랬더니 오전에 너무 피곤했다. 성현이가 이서랑 예 데리고 왔는데 너무 피곤해서 20분 정도 침대에 누워있었다. 그러고 보내고 나니 자책이 심해졌다. 피곤하면 그럴 수도 있지. 다음에는 더 늦게 일어나자.

목발 짚는 거 때문에 팔이 너무 아프다. 발목 통증보다 팔 통증이 훨씬 더 아프다ㅜ 머리까지 아프네. 얼른 자야겠다.

2024.12.15. 오전에 남편이 도윤이 데리고 키즈카페를 가서 조용하게 보고서를 쓸 수 있었다. 마사지도 받아서 아픈 팔이 많이 좋아졌다. 남편이 점심 먹고 왔다고 해서 나도 따끈한 추어탕을 먹고 집에 왔다. 뜨거운 국물이 좋은 요즘. 도윤이는 계속 놀아달라는데 잠이 너무 많이 와서 TV 켜주고 좀 잤다. 한숨 자고 나니 기운이 나서 놀 수 있었다. 체력 진짜 키워야겠다. 저녁 먹고 목욕 후에 남편은 회사에 일이 생겨서 급히 출근했다 ㅜ 상무님이 바뀌고 나서 일이 더 빡세졌다. 안쓰럽다. 도윤이랑 책 읽고 잘 시간이네 벌써. 오늘 하루도 잘 살았다.

2024.12.16. 도윤이가 성인지 감수성이 높아질 수 있도록 나름 노력했는데…. 옷도 파랑 초록만 입히지 않고 노랑, 분홍, 빨강, 흰색 고루 입히고 '남자라서~' 이런 말 하지 않았는데 사회에 속해있는 이상 나만의 노력으로는 부족한가 보다. 도윤이가 고정된 성 역할에 갇혀 살지 않았으면 좋겠다. 자유롭게 자신의 정체성 그 자체로 살아갔으면 좋겠는데 나조차도 무의식적으로 성 역할의 영향을 받고 있으니 공부와 노력이 필요한 부분 같다.

나는 페미니즘 책을 읽는 게 남편의 눈치가 보인다.

전에 남편이

"페미니즘, 그거 나쁜 거 아니야?"

"아니야. 급진파들의 일부 행동이 나쁜 게 있는 거지 페미니즘 자체는 남녀 모두에게 좋은 거야."

라고만 말했다. 나도 페미니즘을 잘 모르니까 어떻게 설명 해야할지 모르겠어서. 그 뒤부터 남편 앞에서 페미니즘 이야기를 하는 것이 꺼려졌다.

어쩌겠어. 나는 가부장제가 너무 싫고 남녀 모두 고정된 성 역할에 갇혀서 힘들어하지 않고 살았으면 좋겠는걸. 이게 페미니즘이면 나는 페미니즘이 맞지.

눈치 보지 말고 책 읽자!

도윤이의 말 쓰다가 페미니즘으로 끝나는 오늘 아침 의식의 흐름. ㅎㅎ 아침 햇살 받으며 글을 쓰니까 참 정갈하고 좋다. 흘러나오는 재즈 캐럴도 좋다. 꿀배차도 맛이 좋다. 나만의 공간이 있다는 것이 좋다.

> 💬 **댓글**
>
> 저도 가부장제는 싫은데 페미니즘을 잘 모르겠더라고요. 정말 올바른(?) 페미니즘에 대해 알아야 할 텐데 아직 더 깊고 정확하게 그에 관련된 책이나 공부까지는 못 갔어요. 근데 올해 이슬아 작가님의『가녀장의 시대』라는 소설책을 읽었는데 유쾌하고 재미나게 신선하게 읽었습니다!! 살짝쿵 추천해봅니다~
>> ↳ 오! 00 님 저도 그 책 정말 재밌게 읽었어요. 읽으면서 어찌나 통쾌하던지 ㅋㅋ 드라마로 제작된다고 해서 기대 중이에요. 저희 좋은 페미니즘 책 찾으면 서로 공유해요.
>
> 저두요! 제가 정확하게 모르니 괜히 남편에게 눈치 보이더라구요? 성 역할 주제, 이슈를 이야기하다 보면 격양된 저만 남아 있답니다.
>> ↳ 격양된 저만 남는다는 말에 공감 백배. ㅋㅋ 남편이 남자들만 거의 있는 회사에서 일하거든요. 여직원을 잘 안 뽑으려 해요. 서류에서 거르는 얘기를 하는데 제가 다 발끈!

2024.12.16. 같은 날

새벽에 일찍 깨어나니 오전은 쌩쌩한데 오후에 체력이 훅 떨어진다. 그리고 자기 비난이 시작된다. 무서운 기세로 비난하는 목소리를 막을 수가 없다. 그래도 여기까지 쓰고 좀 쉬다가 해야 할 일을 10분만 했다. 그리고 조금 더 쉬다가 10분만 더 일하고 결국 일 하나를 끝냈다. 일을 10분이라도 하니 비난의 목소리가 줄어들었다. 쉬어서 일 수도 있고. 비난할 때 나를 보호할 힘을 더 길러야겠다. 내 안의 엄한 목소리. 너무 무섭다. 하지만 그것은 내 일부일 뿐. 내 전체가 아니다.

2024.12.18. 도윤이 재우다가 12시가 지나버렸다ㅜ 아까비….

수면제를 먹지 않아도 잠이 든다.

에너지가 좀 내려갔나 보다.

일단 더 자자!

2024.12.19. 어제는 무지무지 기대하던 회식 날!

원래는 10시에 헤어지려고 했으나 퇴사했던 E 선생님이 멀리서 온 덕에 귀가 시간 12시로 극적 합의! ㅋㅋ 맛있는 삼겹살 먹고 노래방에서 2시간 동안 정말 재밌었다. 득음하고 춤추고 ㅋㅋ 광란의 댄스 타임. 발목이 아파서 앉아서 할 수밖에 없음이 너무 안타까웠다. 어깨 염증 때문에 술도 못 마시고. 하지만 마치 만취한 사람처럼 놀았지. ㅋㅋ

3차로 간단히 호프집에 갔는데 거기서 뭔가가 발생했다. 평소에 S 샘의 말이 거슬렸던 E 선생님. 그래서 그런 표현은 불편하니 안 했으면 좋겠다고 1차에서 얘기했는데 몇 시간도 안 지난 3차에서 같은 언행이 반복되니 화가 났다고 한다. 서로를 아끼는 마음은 같은데 표현 방식이 너무 달라서 오해가 생기는 상황이 발생한 거다. 이야기를 나눌수록 오해가 쌓여갔다. 나는 잘 중재하고 싶었지만 역부족이었다. 좀 더 유능했다면 둘 사이의 오해를 말끔히 해소하고 헤어졌을 텐데 하면서 자책도 조금 했다. 둘 다 술을 마신 상태라 이대로 계속 얘기해도 소모적이라는 결론을 내리고 어색하게 헤어졌다.

집으로 돌아오는 내내 그 생각이 떠나지 않았다. 너무 멀리서 온 E 선생님이 반갑고 좋았는데 힘든 길을 괜히 오게 한 거 아니었나? 내가 좀 더 잘 중재할 수는 없었을까? 앞으로 둘은 어떻게 풀어나갈까? 그래도 집에 들어와서 각자에게 안부 문자를 돌리고 더 이상 걱정하지 않고 잠들었다. 내가 지금 할 수 있는 게 없으므로 그 둘을 믿어보기로 했다.

퇴사한 선생님들 세 명이 포함된 호시절 모임. 회사에서 만난 인연이 이렇게 가깝고 진솔한 관계를 맺을 수 있는 게 참 감사하고 좋다. 그래서 두 선생님이 서로 오해를 잘 풀었으면 좋겠다. 기도하는 마음으로 기다려야지.

오늘 상담을 시작할 때 둘째에 대한 마음을 꺼냈다. 둘째를 갖는 게 선택이 아니라 상황 때문에 못 하는 것이라 생각하니 더 가지고 싶다. 사람의 마음이란…. 둘째를 가지면 뭐가 좋을 것 같냐고 물으셨다. 첫째 갓난쟁이일 때 양극성 장애 증상이 제일 심해서 밖으로 자주 나돌았던 것이 요즘 후회가 된다. 내가 좀 더 예뻐해 줬었다면…. 그래서 둘째가 태어나면 이번에는 잘해보고 싶었다. 물고 빨고 하면서. 둘째가 갖고 싶은 게 아니라 밀착된 관계를 맺고 싶은 거 아니냐는 질문에 그렇다고 답할 수밖에 없었다. 남편은 혼자만의 시간이 너무 필요한 사람이라 내가 원하는 밀착된 관계가 안 된다. 불타는 사랑도 안 되고. 아이도 자아가 생겨서 나와 그런 관계는 맺을 수 없다. 그러니 새로운 대상을 찾은 것이다.

나는 왜 이토록 밀착된 관계를 맺고 싶은가. 결핍 때문이다. 내가 18개월에 태어난 연년생 동생은 약하고 자주 아팠다. 나는 순하고 건강해서 상대적으로 엄마의 손길을 적게 받을 수밖에 없었을 것이다. 그때의 결핍이 내 안에 너무 크게 자리 잡아서 이토록 원하게 되는 것이다. 지금도 생생히 기억나는 꿈을 꾼 적이 있다. 나는 방문 밖에서 추위와 외로움을 느끼며 방 안을 바라보고 있고 따뜻하고 밝은 방 안에는 엄마가 갓난아이를 꼬옥 끌어안고 자고 있는 장면. 내가 유아기에 느낀 소외감과 외로움을 잘 보여준 꿈 같다. 실제가 어땠는지 알 수 없지만 나의 주관적 세계에서 경험한 소외감과 결핍된 돌봄에 대한 욕구는 나의 내면에 크게 자리 잡고 있다.

"융합되고 밀착되고 싶다."

이 강력한 욕구가 무의식적으로 새어 나와서 다양한 형태로 나에게 영향을 미친다. 둘째를 갖고 싶다든지, 바람을 피우는 상상을 한다든지, 네이트 판에서 바람피운 이야기를 자주 본다든지….

내가 생각하는 밀착된 관계는 갓난아기를 향한 무조건적인 사랑과 꼭 껴안고 있는 장면이 떠오른다. 클림트의 '키스' 그림 같은. 선생님은 관계의 시작은 시선이라고 하셨다. 갓난아기를 안고 수유하는 엄마가 아기와 맞추는 시선. 시선 다음이 신체 접촉이라고 하셨다. 이미 다 커버린 나를 갓난아기처럼 밀착해서 사랑해 줄 사람은 그 어디에도 없다는 것을 잘 알고 있다. 머리로는 아는데 계속 원하게 된다. 선생님은 거울을 보며 나와 시선을 마주치고 스스로에게 사랑의 말들을 해주는 것이 시작이라고 하셨다.

"주원아, 너 정말 사랑스러워. 너 참 기특하다. 니가 얼마나 매력적인지 아냐. 정말 보석 같다."

오늘부터 거울을 보며 나와 시선을 마주치고 나에게 사랑의 말들을 마음껏 해줘야지. 결핍이 채워져서 더는 바라지 않을 때까지. 내가 나를 키워 나가야지.

댓글

주원님 정말 멋진 사람이에요. 정말정말 보석같이 빛나는 사람! 그냥 막 그런 사람인 게 느껴져요! 오늘도 반짝반짝 빛나고 계실 주원 님 좋은 하루 되세요.
　↳ 00 님~~ 감사해요 엉엉. 감동이에요. 저도 저를 더 사랑할게요. 00 님도 좋은 하루 보내세요 :)

물고 빨고 하는 시간들도 결국 고작 1년의 시간이니까요 주원 님! 더더더 파고들다 보면 더 많은 것들로 향해갈 것 같아요. 힘들더라도 그 작업 멈추지 마시길!!
　↳ 그럴게요. 작가님이 00이 물고 빨고 하는 거 보면 너무 하고 싶더라고요~~~ ㅎㅎㅎ 더더더 파고 들어가 볼게요!!

2024.12.21. 일정이 하나도 없는 여유로운 주말이 오랜만이다. 남편이 서울 결혼식에 가서 나는 도윤이와 엄마 집에 왔다. 새벽에 일찍 일어났더니 졸려서 누웠지만 잠이 들지는 않는다. 누워서 그냥 쉬고 있다. 도윤이는 계속 영상을 보려고 해서 마음이 좀 불편하지만 할머니 집에 오면 좀 많이 보고 그러는 거지 뭐.

2024.12.22. 계획: 앞으로 할 일의 절차, 방법, 규모 따위를 미리 헤아려 작정함. 또는 그 내용.

비슷한 말: 도모, 뜻, 생각

셀 계(計), 그을 획(劃)

12월이라 그런지 한 해를 돌아보고 내년은 어떻게 보낼지 생각을 하게 된다. 도윤이 낳고 나서는 이런 생각을 할 틈이 없었는데 이제 많이 컸나 보다. 내년 계획을 생각할 수 있다니. 나는 MBTI완전 대문자 P라서 계획과는 거리가 멀다. 계획이 틀어지는 것을 좋아하기까지 한다. 그래도 매년 새해 계획을 세우긴 했는데 도윤이 낳고는 그마저도 하지 않았다.

계획을 너무 거창하고 완벽하게 지켜야 하는 것이라 생각해서 부담이 되었던 것 같다. 뜻을 찾아보니 앞으로 할 일을 미리 헤아려 작정한다는 것이다. 마음으로 작정하는 것이고 그걸 꼭 다 해내야 하는 것은 아니겠지.

남은 12월 동안은 기록의 사계절 아카이빙을 계속 할거다. 지금 봄 기록을 반 정도 한글 파일로 옮겼다. 옮기면서 읽어보니 참 좋았다. 이미 많이 잊어버린 일상의 기록들이 참 소중했다. 그리고 아는 선생님이 소개해 준 출판사에 내 전자북 소개서를 보낼거다. 잘 되지 않더라도 정리할 수 있는 기회가 될 것 같다. 개인 출판이라도 해야지. 기록의 사계절 책과 함께 말이다.

25년도의 계획도 세워봐야지.

- 우선은 건강. 무조건 운동 하나는 해야지. 수영을 가장 하고 싶다. 아프면서 낭비하는 시간을 없애고 싶다.

- 1급 수련하기. 수퍼비전 15회 이상 받기, 집단 수비, 검사 수비 받기, 사례 정리하기.
- 기록의 사계절 이어나가기
- 나의 기록 책으로 발간하기
- 새로운 집단 혹은 특강 개설하기(자신을 싫어하는 학생들 대상으로 자애에 대하여)
- 나를 좀 더 사랑하고 믿어주기!

싫어하는 일은 줄이고 좋아하는 일을 더 많이 하는 2025년을 보내고 싶다. 내가 처한 환경 안에서 할 수 있는 노력을 해야지, 불만만 말하기보다. 2025년 파이팅!

<u>2024.12.24.</u> 어제는 의사 선생님과 상담하는 날이었다. 나의 선생님은 따뜻하시지만 뼈를 때리는 말을 하신다. 직언. 선생님의 직언이 조금 아프기는 하지만 나에게 꼭 필요한 말임을 알고 있기에 괜찮다.

둘째를 낳아서 첫째 때의 아쉬움을 만회해 보고 싶다고 말했다. 현재 복용하고 있는 약 중에 한 알이 임산부에게는 치명적인 약이라 단약을 하고 최소 3년은 지나야 한다고 하셨다. 하지만 지금 단약을 하기에는 증상이 있어서 안 좋다고 하셨다. 나도 지금 당장 가질 생각은 아니기에 좀 더 고민해 보겠다고 했다. 선생님은 둘째를 낳아 만회하기보다는 지금 있는 아들에게 신경을 더 쓰는 게 좋겠다고 하셨다. 둘째가 태어나면 첫째는 박탈감과 소외감을 느낄 수밖에 없으니 좀 더 긴밀한 유대관계를 쌓아두라고 하셨다. 그리고 내가 성취가 중요한 사람이라 둘째가 생기면 다시 육아만

하는 그 시간을 견디기가 어려울 수 있겠다고 하셨다. 다 맞는 말이었다. 이제 조금 살만해졌는데 다시 육아에 전념해야 하는 시기를 내가 잘 감당할 수 있을까. 살만해지니까 둘째 생각이 나는 것도 맞고. ㅎㅎ 아이가 집에서는 수다쟁이가 아닌데 어린이집이나 다른 사람 앞에서는 말이 엄청 많다. 그걸 말씀드리니 내가 아이가 원하는 반응을 못 해주는 것 아니냐고 물어보셨다. 나 리액션 하나는 자신 있는데! 살짝 억울한 마음이 들었다. 그건 아닌 것 같다고 말씀드리니 어떤 질문을 하냐고 하셨다.

"오늘 어린이집에서 어땠어?"

질문이 모호해서 아이가 대답하기에는 어려울 수 있다고 하셨다. 그리고 내가 나 중심으로 질문하고 놀려고 한다고도. 아이가 반복 놀이를 좋아해서 나는 금방 지루해져 버린다. 새로운 놀이를 다양한 방법으로 하고 싶은 것은 내 욕구이고 아이와 놀 때는 아이의 욕구를 살펴보고 맞춰야 한다고. 그리고 표정을 보고 어린이집에서 어땠는지도 알 수 있는 거라고.

나는 아직 노력해야 할 것들이 많구나 싶었다. 아이와 그날 하루에 대해 도란도란 이야기 나누고 싶은 것도 내 욕구, 다양한 놀이를 하고 싶은 것도 내 욕구. 그걸 아이에게 강요할 수는 없지. 나의 욕구를 알아차리고 충족할 수 있는 다양한 방법을 찾자. 아이하고만 하려고 하지 말고. 물론 함께하며 충족할 수 있는 욕구도 있겠지.

댓글

너무 아프긴 하지만 정확한 말인 것 같아요. 만회하고 싶다면, 만회해야 할 대상에게 해야 하지 않을까, 저번 글을 읽고 생각했었어요. 만회해야 할 대상은 도윤이니까요. 그리고 주원 님께서 힘들어하셨던 그 기억은 어쩌면 도윤이가 느낄 수도 있는 장면이 아닐까 하는 생각도 잠시 스쳐지나갔구요. 3년의 시간 동안 우리 도윤이에게 더 밀착되고 아낌없는 사랑을 준다면 그 끝에는 둘째에 대한 고민이 좀 더 명확해지지 않을까요? 너무 기대되네요~~~

┗ 그러게요. 제가 만회할 대상을 잘못 생각하고 있었던 거 같아요. 도윤이와 더 밀도 있는 시간을 보내야겠어요! 작가님이 기대된다고 하니 저도 기대되네요. 늘 고마워요.

그나저나 여기저기 멤버 분들의 글에 달린 주원 님의 댓글이 참 따스합니다!

┗ 이번 소복소복 모임 밴드는 자주 들어오게 되고 글을 읽으면 마음을 전하고 싶은 마음이 많이 들더라구요.

육아는 정답이 없어 참 어려운 것 같아요.
지금까지 맡았던 친구들은 어린이집 메모나 사진을 보고 엄마가 알고 있어서 그거에 대해 쫑알쫑알 이야기하는 걸 좋아했기에 시간 여유가 있을 때면 가정에서 아이와 이야기 나눌 수 있도록 상세하게 일과를 써주는 게 중요하다 생각했거든요.
최근 지인을 통해 아이가 하원하고 "엄마는 내가 말하지 않아도 어린이집에서 뭐했는지 어떻게 다 알아? 그래서 이야기 안 할래" 하는 말을 했다고 하는 말을 듣고 그렇게 생각할 수도 있겠다 싶었어요.
욕구를 파악하고 그것을 표현할 수 있도록 도와주자며 노력하고 있는데 순간마다 욕구를 파악했다고 생각해도 온전히 알 수 없다, 할 수 있는 노력을 다하는 거지 하고 있어요.
반복 놀이 지루하죠. 반복하는 것같이 보여도 조금씩 다른 놀이를 하고 있으니 그 지점들을 찾아보시는 것도 좋을 것 같아요. 반복 놀이를 통해 배우는 거 엄청 많아요.

┗ OO 님~ 마음 전해주셔서 감사해요. 반복 놀이에도 조금씩의 차이가 있는데 제가 그걸 놓쳤네요. 잘 찾아볼게요! 정답이 없는 육아. 매 순간 노력할 수밖에 없는 것 같아요. 노력할 수 있는 만큼 할 수밖에요. 감사해요 OO 님. ^^

<u>2024.12.25.</u> 초저녁 잠이 많아졌다. 쏟아진다.
도윤이 재우고 글을 쓸 수 있기를.

도윤이를 재우고 다시 일어나서 글을 쓰고 있다. 이 시간이 좋다. 도윤이 감기가 다 낫지 않아서 오전에는 병원에 갔다. 집 앞의 가정의학과에 갔는데 사람이 엄청 많았다. 문 연 병원이 많지 않아서일 텐데…. 아픈 사람들이 이렇게 많구나. 아프지 않고 건강하고 싶다는 생각을 했다. 발목을 다쳐서 깁스를 하는 바람에 조용한 경조증 기간을 보내고 있다. 밖에 돌아다닐 수도 없고 염증 때문에 술을 마실 수도 없다. 그래서 몸이 훨씬 덜 아프다. 내가 경조증 기간에 내 몸을 많이 혹사시켰다는 것을 알게 되었다.

여기까지 쓰고 다시 잠들어버렸다.
다시 아침. 좋아하는 바디 스트럽을 써서 샤워하고 나니 참 개운하고 좋다. 다시 새 하루가 시작되었다는 것이 반갑다. 우울할 때는 해가 뜨는 게 싫다. 하루하루를 감사하게 맞이할 수 있는 요즘이 좋다. 새해까지 이 모드가 지속되면 좋겠다. 새해를 우울하게 맞이하고 싶지는 않다.

따로 약속이 없었던 크리스마스. 시누이와 오후에 놀기로 해서 다녀왔다. 사촌 누나랑 재밌게 노는 도윤이. 맛있는 얼그레이 케이크도 먹고 이런저런 수다를 떨다 왔다. 초저녁에 너무 졸려서 한숨 잤다. 남편에게 미안하고 고마웠다. 도윤이가 목욕하고 굿나잇 핑크퐁 다 보고 들어와서 책 세 권을 함께 읽었다. 그리고 불 끄고 누웠는데 도윤이가
"엄마, 엄마" 계속 불렀다. 그래서 "응?" 했더니

"사랑해요"라는 게 아닌가!!

너무 사랑스러워.).〈 남편이 이런 장난을 자주 치는데 그걸 보고 배웠나 보다. ㅎㅎ

나는 잠자리에 누우면 도윤이에게 늘

"도윤아 엄마가 언제나 변함없이 늘 사랑해~" 라고 말한다.

그래서 도윤이도 나에게

"엄마 변함없이 사랑해요~" 이런다.

아, 좋아라.
행복한 크리스마스였다.

2024.12.26. 진짜 피곤하다. 오늘 하루도 애썼다. 도윤이 재우면서 잠이 들 듯하다. 잘 자자!

2024.12.27. 발목을 다치는 바람에 이번 경조증은 어느 때보다 조용하고 평온하게 보내고 있다. 염증 때문에 술을 못 마시고 발목 때문에 집에만 있으니 몸이 아프지 않다. 원래는 술을 마시고 늦게 잠들면 몸이 굉장히 아팠었다. 그런데 이번에는 아프지 않은 것을 보니 술과 부족한 수면 시간이 나에게 악영향을 미치고 있었음이 명백히 드러났다. 이러고도 다음 경조증에 술을 마실 수도 있겠지만, 일단은 지금 마음으로는 확실히 덜 마실 것 같다. 밖에 나가지 않으니 남편과 아들과 보내는 시간도 많아져서 좋다.

상담에서 행복 플로리시 집단상담 홈 커밍데이를 잘 끝냈다는 이야기를 했다. 학생들에게 의미가 있을까? 고민하면서 시작했지만 다들 2024년의 행복을 되돌아보고 2025년의 행복에 대해서도 생각하고 따뜻한 마음을 나누는 시간이었다고 말씀드리자 선생님이 눈물을 보이셨다. 너무 감동적이라고. 그러게. 나도 이제 진행하면서 참 좋았다. 늘 나를 의심하지만 결과는 나의 의심이 무색할 정도로 좋다. 게다가 집단상담은 나 혼자 하는 것이 아니라 집단원들의 에너지가 합쳐지면서 시너지 효과가 난다. 그래서 조울증 자조모임과 나를 사랑하지 않는 사람들을 위한 집단상담도 해보고 싶다. 1학기에 기획해서 2학기에 해봐야지!

유명해지면 뭐가 좋을 것 같냐는 질문에 불안하지 않을 것 같다는 말이 나왔다. 유명세와 불안이 무슨 관계지? 나는 늘 나를 의심한다. 잘하고 있는 게 맞을까, 내가 할 수 있을까. 그런데 유명해져서 많은 사람들의 인정을 받으면 나에 대한 의심을 거두고 불안하지 않은 평온한 상태가 될 수 있을 것 같다. 마음의 평온은 외부 자극에 따라 바뀌는 것이 아니고 내면의 상태에 달린 거라고 하셨다. 나에 대한 의심을 계속 들여다보면서 관찰해야 한다고. 회피하지 말고. 자기 의심! 내가 뚫어져라 관찰해 주겠어.

12월 회고 모임. 오늘 시간이 있을 때 12월에 쓴 글을 다 읽어보고 들어가고 싶었지만 그러지는 못했다. 12월에 가장 기억에 남는 기록이 무엇인지 묻는 작가님 물음에 다른 사람의 도움이 불편하고 민망했는데 OO 님의 댓글로 나를 향한 사랑을 많이 받는 12월로 재정의 했다는 이야기를 했다 (OO 님 감사해요). 그리고 둘째에 대한 생각을 좀 더 정리할 수 있는 달이었다. 내가 원한 건 두 번째 기회였지 둘째 그 자체가 아니었음을 알게 되었다. 그리고 도윤이가 어릴 때 잘 못해 주었던 아쉬움을 만회할 대상은 그 누구도 아닌 바로 도윤이라는 것도. 오늘도 저녁 먹고 도윤이와 잘 놀아야지 다짐했는데 30분 놀다가 화장실 가고 싶다고 나왔다. 눕고 싶고 쉬고 싶은 마음이 더 컸다. 에너지 배분을 잘해서 저녁 시간에 도윤이에게 쓸 수 있는 에너지를 꼭 남겨둬야겠다.

멤버들의 12월을 들으며 각자가 경험한 12월이 참 다양했구나 싶었다. 우리 모두의 나날들을 함께 나누고 공감하고 위로할 수 있어서 참 좋다. 보통날을 만끽하고 감사할 수 있는 2025년을 보내고 싶어졌다.

댓글

12월에 참여 많이 못해 아쉬웠지만 주원 님의 둘째에 대한 기록들로 공감도 되고 저도 깊이 생각하게 되어서 너무 좋았어요. 오늘 얼굴 봬서 반갑고 참 좋더라구요. 기록으로 또 한해를 잘 보내봐요, 우리.

　↳ OO 님 따수운 마음 전해줘서 감사해요. 저도 얼굴 봐서 반가웠어요! 한 해 잘 보내고 오프때 만나면 또 참 좋겠어요.

주원 님께서 써주신 답글을 봤었는데 회고 모임 때 이야기 해주셔서 시간이 갈수록 말을 아끼게 되는 요즘인데 댓글을 통해 시선이 바뀌었다는 주원 님의 말에 제 마음 따뜻해진 시간이었어요. 언제 잠든 지도 모르게 잠들었더라고요. 마음을 표현하는 일이 점점 어려웠는데 주원 님 덕분에 그것에 대해 다시금 생각해 볼 수 있는 시간이었어요. 저도 감사해요.

어머 주원 님 저도 같아요! 둘째가 너무 갖고 싶었는데 그게 두 번째 기회로 OO한테 아쉬웠던 마음을 만회하고 싶은 거였더라구요! 그 대상이 다른 게 아닌 OO이라는 거! 그걸 인지하니까 오히려 이제 둘째는 가져도 좋고 안 가져도 좋은 상태가 되었어요! ㅎㅎ 저랑 같은 생각을 하셨다니 ㅎㅎ 너무 반가워서 ㅎㅎ

2024.12.28. 잠이 계속 온다. 점점 가라앉는구나.

새해까지는 기분 좋게 맞이하고 싶었는데.

너무 거부하려고 하지 말고 우울에게도 자리를 내어주자. 그래 보자!

🙍 **댓글**
"자리를 내어주자, 그래 보자!"

2024.12.30. 어제는 도윤이가 7시에 잠들어서 나도 같이 그때 잤다. 그리고는 아침에 7시 20분에 일어났으니 12시간 넘게 잔 거다. ㅎㅎ 그래도 더 자고 싶었다. 어제도 틈만 나면 자고 싶었고. 아무것도 하기 싫은 우울의 시기가 다시 왔다. 이번에는 잠으로 계속 도망가지 않고 우울에게 자리를 내어주기로 마음 먹었는데… 쉽지가 않다. 우울에게 자리를 내어준다는 것이 어떤 것일까? 거부하지 않고 도망가지 않고 계속 바라보는 것일까?

🙍 **댓글**
주원 님 다시 내려간 시기를 마주하고 계시는군요. 마음 가득 담아 애정 가득 담아 안부를 묻습니다.

2025.01.21. 오랜만의 기록. 우울한 시간을 한동안 보내고 게슈탈트 집단상담에 왔다. 오늘 개인상담 시연을 하고 내가 붙잡고 있는 생각들 때문에 계속 우울해진다는 것을 깨닫고 빠져나올 수 있었다. 근데 예전만큼 드라마틱한 변화가 없는 게 좀 이상하다. 교수님 말씀이나 시연도 예전만큼 마음에 와닿지가 않는다. 여전히 좋은 건 맞는데 좀 다르다. 내 마음에 변화가 있는 걸까? 문제시하지는 말자. 좀 덜 와 닿을 수도 있지. 그래도 여전히 좋은걸.

내가 자주 붙드는 생각

- 나는 계속 문제를 반복하고 있다.
- 망할 것 같다.
- 혼자 힘으로는 벗어날 수가 없을 것 같다.
- 잘 못 하고 있는 것 같다.
- 다 소용없다.

2025.01.22.

Q. 1월 22일. 새해가 밝은 지도 3주가 지났습니다. 어떤 새해를 시작하셨나요?

우울한 기분으로 새해를 맞이했다. 하루하루의 경계가 느껴지지 않을 만큼 그날이 그날 같았다. 속절없이 지나갔다. 밤이 와서 어서 잘 수 있기만을 바라며 낮 동안은 인스타 릴스에 빠져있었다. 릴스를 보는 동안과 자는 동안은 괴로운 생각을 하지 않아도 되니까. 우울해도 하루를 내던지지 않고 소중하게 생각하며 지내고 싶었는데 이번에도 버려 버렸다. 늘 하는 생각이지만 우울할 때는 실천하기가 어렵다. 계속 반복되고 있다는 생각이 들지만, 그 생각을 붙잡으면 무기력해지는 것을 아니까 알아차리고 내려놓는다. 다음에 다시 시도해보자. 조금이라도 다르게 노력해보자. 너무 비장하지 않게 작은 시도라도 해보자고 마음먹는다.

오늘 상담실습도 잘 마치고 참 잘했다는 칭찬을 많이 들었는데도 신나지 않는 게 이상했다. 칭찬받으면 무지 신나는데 그것도 집단 리더님의 칭찬이었는데…. 신나지 않고 그냥 덤덤할 수도 있지. 내가 신나고 싶은 마음이 많구나. 저녁 집단상담에서 집단원들 작업이 이루어지면서 많이 웃을 수 있어서 좋았다. 무겁지 않고 좀 신나고 싶은 마음이 많았나 보다.

집단이 끝나고는 막냇동생 슬아와 오랫동안 통화를 했다. 회사에서 부정적인 피드백을 받아서 속상해서 우는 슬아를 위로할 수 있는 에너지와 시간이 있음에 감사했다. 나의 20대를 보는 것 같은 슬아. 너무 잘하고 싶고 실수하고 싶지 않아서 혼자서 무지 애쓰는 모습이 짠하다. 실수하고 깨지더라도 부딪혀보라고 얘기해줬지만 쉽지 않음을 안다. 성장통으로 아프겠지만 세상과 부딪히고 소통했으면 좋겠다. 그러느라 지쳤을 때 기댈 수 있는 안전지대가 계속되어주고 싶다. 더 울고 눈물을 싹 말려버리고 잘 거라는 말에 가슴이 아프고 계속 통화하고 싶기도 했지만 피곤한 나도 챙겨야 하고 혼자 겪어내야 할 몫도 있으니 이만 끊었다. 슬아가 마음껏 눈물 쏟아내고 오늘 밤 편안히 잤으면 좋겠다. 그리고 나도. 그리고 오늘 많은 작업을 한 집단원들도. 그리고 소복소복님들도.

<u>2025.01.26.</u> 앗. 12시가 지나버렸다. 오늘 기록 남겨두고 싶었는데…, 늦어도 남기면 되지.

  목요일부터 다시 잠이 안 온다. 그날은 거의 잠을 한숨도 못 잤다. 금요일에도 뒤풀이가 2시에 끝나고 3시간 자고 5시에 일어났다. 어제는 몸이 좀 아파서 도윤이와 일찍 잠자리에 들었다. 잠이 오지 않아 수면제를 먹고 오늘은 6시쯤 일어났다. 5시간 정도 잔 것 같다. 몸이 한결 낫다.

  아버님이 혼자 이사를 나오셔서 시댁에 다녀왔다. 맛있는 오리 구이를 먹고 아버님 집들이 선물을 사서 다녀왔다. 혼자 계신 모습이 조금 적적해 보이긴 했지만 집이 아담하고 깔끔하여 걱정했던 것보다 안심이 되었다. 가까이에 시누이가 있어서 참 고맙다.

  미루고 있던 도윤이 머리도 자르고 홈플러스에서 장난감 구경하는 동안 봄 내복도 몇 벌 샀다. 쌀국수가 먹고 싶다 하여 주문해둔 밀키트로 따끈한 저녁을 먹었다. 분주히 움직이고 나니 저녁 후에 피곤했다.

  그래도 9시 15분이란 아주 이른 시간에 육아퇴근을 하게 돼서 무지 설렌다. 오랜만에 좋아하는 바에 와 칵테일을 마시며 보고 싶은 사람들과 통화하며 안부를 묻고 지금은 글을 쓰고 있다.

  참 좋다. 염증 때문에 술은 못 먹으니 무알콜 칵테일이지만 기분만은 최고다. 나의 사랑하는 참새 방앗간.

  집단상담 단톡방에서 나누게 되는 온기가 참 좋다. 그 온기와 알아차림이 희미해지기 전에 후기도 남겨야겠다. 너무 잘하려고 하다가 못하지 말고 내일은 하자!

  내일은 부모님이랑 같이 당진에 가서 박속낙지탕 먹고 바다 구경하고 오기로 했다. 이번에 시댁에 가지 않게 되어서 명절이 더 여유롭다.

막냇동생 슬아가 내려오면 위로도 많이 해주고 같이 나가서 바에 가야지~!

꿈결같이 좋은 시간들이 흘러간다. 좋다. 붙잡고 싶다는 생각은 들지 않는다. 그냥 지금이 좋으면 그만인 것.

내일도 이런 하루를 보내야지. 잘 자자.

<u>2025.01.29.</u> 이번 명절은 참 평안하고 여유가 있어서 좋다. 큰어머님께서 감기에 심하게 걸렸으니 아이 데리고 오지 말라고 하셔서 시댁에 가지 않은 이유도 크다. 눈이 계속 내려 운치가 더해졌고 특별히 해야 할 일이 없는 것도 컸다.

슬아의 고민에 대해서도 같이 얘기하고 남편이 팀장 입장에서 상담도 해주고 의견도 제시해줘서 고마웠다. 그것도 2시간 동안이나! 참 다정한 사람이다.

엄마와 슬아와 속 깊은 대화도 나눴다. 말을 할수록 엄마와는 대화가 잘 안 통하고 서로 오해가 쌓이는데 슬아가 중간에 있으니 중재가 되었다. 힘들었을 텐데 애써 그 역할을 해준 슬아에게 고마웠다. 여전히 내가 힘든 이유에 대한 이해가 터무니없이 부족한 우리 엄마. 같이 상담을 받아보자고 몇 번을 권유했지만 돈 내고 생판 모르는 사람에게 앓는 소리 하러 가는 거 싫다고 해서 포기했었다. 그런데 오늘 대화하고 슬아가 둘이서 얘기하는 것 보다가 상담에 같이 가서 하는 게 더 좋겠다고 해서 엄마가 가겠다고 하셨다. 우와! 이게 되네? 다다음 주 월요일에 함께 상담을 받기로 했다. 마음이 한결 좋아졌다. 희망이 보였다.

남편과도 진진한 대화를 나눴다. 아이가 태어나고 내가 아이를 재우고 한 방에서 자면서 우리는 대화를 나눌 수 있는 시간 자체가 부족했다. 남편의 코골이로 인해 신혼 초부터 각방을 썼다. 그래서 부부관계를 거의 하지 않는다. 일 년에 4~5번? 분기별로 하는 것도 아니고 참…. 나는 이게 싫다. 남편은 내가 너무 피곤해하고 우울해하니까 먼저 하자고 말을 꺼내기가 어렵다고 했다. 그럴 것 같다. 나는 경조증일 때 성욕이 폭발해서 내가 늘 남편에게 먼저 제안한다. 나는 나만 관계를 원하는 것 같아서 불안했다. 이걸 이야기하니 그건 아니라고 했다. 솔직한 대화를 나누고 나니 안심이 됐다. 역시 소통이 최고야.

내일은 정형외과 가서 충격파치료 받고 성현이랑 만나기로 했다. 충격파 치료가 생각보다 아파서 놀랐다. 나와 같이 병원에 간 도윤이가 내가 아파하자

"엄마 아프지만 조금만 힘내세요. 엄마 화이팅!!"

이렇게 이야기해서 진짜 빵 터지고 감동의 물결~~~

다른 사람의 아픔에 공감할 수 있는 아이가 되었구나!

그리고 오늘 저녁 외식을 하고 엄마 집에서 짐을 챙겨서 가려는데 남편이랑 도윤이 먼저 집에 가고, 내가 짐 챙겨서 간다고 하니깐 도윤이가 내가 꼭 같이 가야 한다고 했다. 이유를 묻자

"내가 세상에서 가장 사랑하는 사람이 엄마니까요~"

감동 감동! 그래서 다 같이 올라가서 짐을 챙겨 이박삼일 만에 집으로 왔다. 엄마 집에 일박이일 있으면 스트레스와 상처를 받고 오는데 이번에는 좀 달랐다. 내가 엄마의 반사적 반응과 고통체의 소리에 반응하지 않으니 엄마도 조금 달라졌고 슬아의 도움도 컸다. 감사한 시간이었다.

2025.01.30. 연휴 마지막 날. 유난히 평온하고 여유 있었던 연휴라 좋았다. 오늘은 좀 바쁘게 움직였지만 좋아하는 성현이랑 보내는 시간은 언제나 즐겁다. 너무 피곤해서 성현이 집에 가 소파에서 잠깐 쪽잠을 잤더니 다시 기운이 났다. 내가 누운 것을 보고 조명을 어둡게 해주고 아이들과 다른 방에서 놀아주는 그녀의 섬세한 보살핌이 참 따뜻했다. 고마운 사람. 이런 사람과 인연을 맺을 수 있음에 감사했다.

즐거웠지만 피곤하긴 하다. 일찍 자고 내일을 맞이해야지. 편안하게 모두들 굿나잇~~

2025.02.01. 아침부터 바쁜 하루였다. 신경정신과에 가서 약을 받아오고 백화점에 가서 조카들 선물 사고 사촌 결혼식에 입을 도윤이 옷도 샀다. 3월 말 결혼식 옷을 벌써 사는 게 웃기지만 에너지 있을 때 미리 해둔다. 그리고 미뤄왔던 휴대폰 바꾸기도 성공! 저장공간도 너무 없고 요즘 전화가 안 되는 경우가 종종 생겨서 4년 반을 함께한 폰을 바꿨다. 서울에 가면 더 저렴하게 할 수 있지만 거기까지 시간을 내서

가는 게 쉽지 않아서 그냥 가까운 곳에서 했다. 사장님이 친절하고 속도도 빨라서 일사천리로 진행되었다. 나는야 이제 512기가!! ㅋㅋ

도윤이랑 타요키즈카페에 갔는데 너무 졸려서 엎드려 잤다. ㅎㅎ 남편과

교대로 보면서 쪽잠을 잤다. 저녁은 김밥과 어묵탕을 사 와서 예쁜 그릇에 담아 먹었다. 평소라면 그냥 봉지째 뜯어서 먹었을 텐데 오늘은 접시에 담고 싶었다. 훨씬 맛있었다. 작은 변화만으로도 기분이 바뀌는구나.

2025.02.03. 아이의 영어 수업이 끝나기를 기다리며 끄적이는 지금. 와사비 아몬드를 먹으며 자판의 톡톡 소리를 듣는 이 순간이 좋다.

오늘 학교에서 일이 정말 많았다. 그래도 너무 무리하지 않고 에너지를 잘 아껴 썼다. 어제도 밖에서 놀다가 졸려서 일찍 집에 들어와 충분히 잤다. 나에게는 잠이 참 중요하다. 8시간 정도가 적정 시간인 것 같다. 11시에 잠들어서 7시에 일어나는 것이 좋다. 이렇게 나를 알아간다. 학창 시절에는 늦게까지 붙잡고 공부한다고 잠과 싸우다가 매번 졌다. 이런 나를 좀 더 빨리 깨달았다면 소모적인 싸움을 하지는 않았을 텐데… 내가 나를 참 몰랐던 것 같다.

그렇다면 요즘은? 나를 잘 안다고 할 수 있을까? 확실히 예전보다 나에 대해 더 많이 알게 되었다. 나를 무던한 사람이라고 생각하고 살았을 정도니 말이다. 내가 감각도 예민하고 사회적 민감성도 높아서 신경 쓸 곳이 많아서 피곤할 수밖에 없다. 그래서 저전력 모드로 살아가는 연습을 우울 기간에 무던히도 하고 있는 중이다.

그제 갑자기 소설을 쓰고 싶다는 생각이 불쑥 올라왔다. 에세이에는 다 담을 수 없는 내 안의 많은 욕구와 욕망과 실수를 밖으로 꺼내놓고 싶은 마음이다. 그럼 조금 가벼워질 것 같아서…. 대략의 줄거리를 생각하고 주인공 이름을 고르고 있다. 오늘은 이희수가 좋을 것 같다는 생각을 했다. ㅎㅎ 소설을 써본 적은 한 번도 없지만 픽션의 힘을 빌리고 싶다. 과연 쓸 수 있을까 싶지만 해보고 싶은 마음이 들었으니 한 번 해보려고 한다. 일단 그전에 출판 기획서를 작성해서 에세이를 세상 밖으로 나오게 하는 것을 먼저 해야겠지. 여러 곳에 문을 두드려보고 안되면 자가출판이라도 해야지! 해보자!

> 댓글
> 쓰면 되죠! 그냥 쓰면 돼요~~~ 소설이 쓰고 싶다니! 아우 멋져라~

<u>2025.02.05.</u> 하고 싶은 말이 많다. 하지만 졸린다. 수면제 없이 잘 수 있을 때 자야 한다. 경조증 기간이 되었지만 예전과 다르다. 에너지를 폭발시키고 싶고 계속 말하고 싶다. 근데 그러면 지치게 되는 걸 너무 잘 알기에 마음이 들면 그냥 알아차리고 바라보는 거다. 행동화하지 않고! 일단 자자. 오늘도 수고했어 주원아.

<u>2025.02.06.</u> 4시에 깨서 나와보니 남편이 깨어있었다. 어제 회식 후 늦게 와서 인사도 못 했기에 서로 인사하고 나는 더 자러 갔다. 5시에 다시 깨서 나와서 얼려둔 엄마의 곰국을 끓여서 함께 아침을 먹었다. 도윤이가 자는 동안 둘이서 아침을 먹은 적은 처음인 것 같다. 내가 묻기도 전에 남편이 어제 있었던 일을 이야기하기 시작했다. 어떻게 해서 갑자기 회식을 하게 되었는지, 지금 상무님과 사이가 어떤지, 그룹장님이 오셔서 어떤 일들이 있었는지 등등. 내가 평소에 궁금해하고 듣고 싶던 회사 이야기를 남편이 술술 얘기하고 나는 맞장구치고…. 그리고 내 회사 이야기도 하고 남편이 맞장구치고. 참 좋았다. 도란도란 이야기하는 시간. 나는 이런 시

간이 참 좋다. 남편에게 참 좋다고 이야기하면서 당신도 좋아? 하니 좋다고 한다. 그리고 도윤이 태어나기 전에는 우리 이런 시간 많이 가졌지. 그랬다. 맞아. 안 하던 사이가 아니지. 다만 요즘 도윤이를 키우느라 서로 바빠서 인사만 하고 지낸다.

잘 잤어? 잘 다녀와. 잘 갔다 왔어? 잘 자~ ㅎㅎㅎ 그래서 웃긴 말로 우리는 톡리스 부부라고 말한다. 자조섞인 농담. 그런데 내가 잊고 있었던 거네. 우리가 지금 상황이 여의치 않을 뿐, 대화를 안 하는 사이는 아니었네.

내 생각에 사로잡히면 이렇게 현실을 놓친다. 지금-여기를 잘 살아내야지. 생각의 감옥에서 빠져나와야지.

오늘은 아침부터 참 다정한 분위기다.

집단상담 뒷풀이에서 5~6명 모여서 얘기하다가 부부관계에 대한 주제가 나왔다. 나 포함 각방을 쓰는 부부가 2명이었다. 둘 다 남편의 코골이 때문이었다. 그런데 확실히 각방을 쓰니 성관계를 잘 안 하게 된다는 고민을 털어놓자 50대이신 여자 선생님이 집에서 어떤 옷을 입고 있냐고 물어보셨다.

"밖에 입고 나가기 힘들지만 편하고 부드러운 옷 입어요"

"그러면 안 돼요. 잠옷을 입어봐요. 야한 잠옷이 아니라도 목 늘어난 티셔츠 같은 거 말고 잠옷을 입어봐요. 달라요. 그리고 서로 암호를 만들면 좋아요. 한 명이 '토끼토끼'하면 다른 한 명도 응하고 싶으면 '당근당근'하는 식으로요."

나 진짜 목 늘어나고 무릎 나온 옷 입는데…. 토끼토끼-당근당근 너무 귀엽다. ㅎㅎ

"그리고 아침 차려주나요?"

"아니요. 저는 아침 안 먹어서 남편이 혼자 챙겨 먹어요."

"남자들은 밥에 약해요. 한번 차려줘 봐요."

남편에게 보은하고 싶다고 하니까 밥을 차려줘 보라는 말을 전에도 들은 적이 있다.

정말 그런가? 거기 같이 있던 남자들도 약간 의아해하긴 했지만 밥이 주는 힘이 있다는 그분의 강력한 말이 가슴에 남았다. 그래서 요즘 일찍 일어나는 김에 아침을 차리고 있다. 귀찮다는 느낌이 안 들고 내 사랑을 표현한다고 생각되니 기쁘다.

나의 마음이 남편에게 잘 전해지면 좋겠다. 아니, 꼭 전해지지 않더라도 내가 나의 고마움을 이렇게 기쁘게 표현할 수 있음에 감사하다.

괜스레 마음이 말랑말랑해지네? ㅎㅎ

Epilogue

"여전히 파도는 친다"

파도는 잦아들지 않았다. 지금도 가끔, 모든 것을 무너뜨릴 듯 갑작스레 몰려와 나를 덮친다. 하지만 이제는 안다. 그 어떤 파도도 결국은 지나간다는 것을. 바다에 파도가 빠질 수 없는 것처럼, 삶에도 굴곡은 당연한 것이며, 그 역시 언젠가는 스쳐 지나간다는 것을.

감정의 진폭은 병이기도 했지만, 나의 언어이기도 했다. 그 파도를 절망이 아닌 이해의 언어로 바꾸기까지는 오랜 시간이 걸렸다. 5년의 시간을 지나며 나는 알게 되었다.

이제는, 파도 위에 완벽히 서 있지 않아도 괜찮다. 흔들리면서도 뿌리 뽑히지 않고, 넘어지더라도 다시 일어날 수 있는 사람으로 살기로 했다.

이 글은 끝맺음이 아니다. 계속 살아가는 이야기의 한 페이지일 뿐이다. 그리고 당신에게도 지금, 파도가 치고 있다면 부디 기억해주었으면 좋겠다.

우리는, 그것을 견뎌내 왔고 또 견뎌낼 사람들이라는 것을.

자신만의 파도를 겪으며 하루하루를 살아내고 있는 모든 이들에게, 이 글을 전하며, 부디, 당신의 파도에도 다정한 햇살이 닿기를 바랍니다.

2025년 9월 따스한 가을날, 이주원 드림

파도는 바다에 빠지지 않는다

2025년 9월 18일 초판 1쇄 발행

지 은 이 이 주 원
만 든 곳 편백나무출판사
　　　　　충북 청주시 청원구 1순환로 335번길 47-1
　　　　　전화 043. 252. 3137   팩스 0303. 3447. 3137
　　　　　이메일 pbtree1@naver.com
　　　 신고번호 제 2013-000013 호

ⓒ이주원 2025
ISBN 979-11-86977-43-9

* 이 책은 청주시 1인 1책 펴내기 운동 기금을 일부 지원받아 발간하였습니다.